수업 시간에 들려주지 않는

돈 이야기

수업 시간에 들려주지 않는
돈 이야기

윤석천 지음

지상의 책

비판적 사고의 힘을 믿습니다

"어떤 책이든 정치적 편향으로부터 진정으로 자유로울 수 없다."

《1984》,《동물농장》 등을 쓴 조지 오웰(George Orwell)의 에세이《나는 왜 쓰는가》에 나오는 말입니다. 맞습니다. 글은 태생적으로 정치적일 수밖에 없습니다. 글에는 쓰는 이의 신념이나 철학이 배어들기 마련입니다. 읽는 이에 따라서는 불편할 수도, 거부감을 느낄 수도 있겠지요. 청소년을 대상으로 한 책은 그래서 더욱 조심스럽습니다.

이 책을 쓰며 스스로에게 다짐했습니다. '최대한 객관적으로 쓰자. 내 생각을 강요하거나 교훈을 주려 하지 말자.' 조심했지만 얼마나 지켜졌는지 의문입니다. 읽다 보면 분명 불편함을 느끼는 분들이 있을 겁니다. 미리 용서를 구합니다.

책을 써 세상에 내놓는 것은 나 자신을 있는 그대로 보여 주는 행위입니다. 과장을 조금 보태면 벌거숭이가 되는 기분이죠. 그만큼 두려운 일이기에 용기가 필요합니다. 그런데도 왜 쓰냐고요? 생각해 보기 위해서입니다. 한 사람의 주장은 온전히 그 사람의 것일 뿐입니다. 반론은 얼마든지 있을 수 있죠. 저 또한 논리적 반론을 기대하고 있습니다.

높은 수준의 공부는 반복 훈련 없이는 불가능하다고 합니다. 사유의 지평을 넓히는 것도 마찬가지라 생각합니다. '왜 그래야 하는데?' '정말일까?'라고 묻고 또 물을 때 사고의 폭은 깊어지고 넓어질 것입니다. 동시에 그 과정을 통해서 진실에 한 걸음씩 가까워지겠죠. 그리고 그렇게 탄생한 건강한 반론과 신념이 우리의 삶을 한층 풍요롭게 할 것이라 믿습니다.

이 책이 불쏘시개가 됐으면 좋겠습니다. 이 책에서 던져 주는 정보나 지식을 그대로 받아들이지 말고 의심을 해 봤으면 좋겠습니다. 그렇게 의심하고 확인하며 사유의 지평을 넓혀가는 도구로 이 책이 쓰였으면 합니다.

Contents

2부

쓰 벌 빌 내
다 다 리 다
　 　 다

3부

쓰벌빌내
다다리다
다

4부

쓰벌빌 내다
다다리 다
다

내 버릇 별 다리야 돼지 탸

1부

쓰다

spend money

spend
money

'쓰다'란 말에는 경제가 녹아 있습니다. 우리 모두 쓰지 않고는
생존이 불가능합니다. 당연히, 쓰지 않는 세상에 경제는 존재하지
않겠지요. 무언가를 쓴다는 가정하에 경제는 성립합니다.

그리스어 'oikonomia(집안일을 하는 집사)'에서 파생된 'Economy(경제)'라는 말은 17세기 들어 '주어진 자원을 잘 관리함' 또는 '국가의 부와 자원을 잘 관리함'이란 뜻으로 쓰이게 됐습니다. 우리 단어 '씀씀이'와 일맥상통하지요. 돈이나 물건 따위를 쓰는 정도나 모양을 '씀씀이'라 합니다. 우리는 한정된 무언가를 어떻게 쓸 것인지 항상 고민합니다. 용돈을 받으면 어떻게 써야 가장 효율적인지를 생각하듯이요. 이것이 바로 '경제'입니다.

경제학이란 '한정된 자원의 효율적인 배분'을 다루는 학문입니다. 우린 유한한 세상에 살고 있습니다. 무한한 것은 세상에 없죠. 모든 것에는 끝이 있고, 자원은 더욱 그렇습니다. 따라서 인류는 어떻게 하면 한정된 자원을 효율적으로 나누어 쓸 수 있을지를 고민해 왔습니다. 그게 인간의 역사이고 경제학의 역사입니다. 경제학이란 어떻게 하면 잘 쓸 것인가, 어떻게 하면 잘 나눌 것인가를 연구하는 학문입니다. 따라서 '경제'란 용어는 '쓰는' 행위를 전제로 만들어졌다고 할 수 있겠는데요. 이때 '쓰는 것'을 '소비'라 합니다.

여기에 의문을 가질지도 모르겠습니다. '생산' 역시 경제의 중요 축이기 때문입니다. 사실, 소비가 먼저인지 생산이 먼저인지 따지는 일은 닭이 먼저인지 달걀이 먼저인지 따지는 것과 같습니다. 그래도 분명한 것은 소비가 전제되지 않은 생산이란 있을 수 없다는 것이죠. 소비는 욕망을 충족하기 위해 재화나 서비스를 소모하는 행위입니다. 기업들의 생산 활동은 이러한 개인의 소비 활동에 지대한 영향을 받기 때문에, 소비야말로 경제학을 탄생시킨 주역이라 할 수 있겠습니다.

인간의 욕망을 탐구하다

경제가 발전할수록 소비의 중요성은 커집니다. 한창 개발 중인 개발도상국의 경우엔 소비보다는 생산과 투자에 집중하는 모습을 보이는데요. 아무래도 소득이 상대적으로 낮아 소비를 할 수 있는 여건이 조성되지 않았기 때문입니다. 반면, 선진국의 경우엔 소비가 국민총생산에서 가장 큰 몫을 차지합니다. 경우에 따라 소비가 국민총생산의 75%에 달하는 국가도 있습니다. 이러한 현상은 충분한 소득이 있어야 소비가 활성화됨을 말해 주고 있습니다.

우리는 기본적으론 의식주를 해결하기 위해서 소비하지만, 의식주가 충족되면 정신적 욕망을 채우기 위해 소비합니다. 인간은 욕망 덩어리입니다. 살아 있는 한 욕망은 사라지지 않습니다. 이에 인간은 태아 때부터 시작해 죽어 땅에 묻힐 때까지 소비합니다. 일생이 소비의 연속이죠. 따라서 소비를 이해하지 못한다면 경제 현상을 이해하는 것 역시 불가능합니다.

이렇게 본다면 결국 경제학이란 인간의 욕망을 탐구하는 학문이라고도 할 수 있겠습니다. 욕망을 채우는 방법, 충돌하는 인간과 인간의 욕망, 인간과 국가의 욕망, 국가와 국가의 욕망을 공존과 공영을 위해 어떻게 조율할 것인지를 다루는 학문이 경제학인 것입니다.

인간의 비합리성

"영택아! 너 또 비싼 운동화 샀구나. 돈은 어디서 구했니?"
"한 달 동안 아르바이트 죽어라 해서 샀지."

전통 경제학에서는 인간을 합리적 존재로 가정합니다. 경제적 합리성에 기초를 두고 행동하는 인간, 즉 호모 이코노미쿠스(Homo Economicus)가 전통 경제학이 전제하는 인간의 모습입니다. 그런데 우리가 정말 그렇게 합리적으로 행동할까요? 개인적으로 가끔 '내가 미친 것은 아닐까?'란 생각을 하는 때가 있습니다. 우리는 가끔 귀신에 쒼 듯 비이성적이고 비합리적인 행동을 하곤 합니다.

　대학생 때였습니다. 추운 겨울, 지하철 계단에서 구걸하던 노숙자에게 주머니를 털어 갖고 있는 돈 전부를 주었습니다. 결국 그날 집까지 두 시간을 걸어야 했죠. 이는 누가 봐도 합리적인 행동이 아닙니다. 최소한 지하철 탈 비용 정도는 남겨 두고 적선을 했어야 정상입니다. 이런 일은 비일비재합니다. 로또 1등에 당첨될 확률은 벼락을 맞을 확률보다 적다고 합니다. 그러나 수많은 사람이 기적을 꿈꾸며 매주 복권을 삽니다. 충동구매 역시 비합리적인 인간의 행태를 잘 보여줍니다. 전혀 살 생각이 없었는데 어느새 할인 중이라는 상품들이 카트에 담겨 있곤 합니다.

우린 일상에서 인간은 지극히 합리적이고 이기적인 존재라는 전통 경제학의 주장이 뒤집히는 장면을 봅니다. 전통 경제학의 한계는 여기에 있습니다. 경제학이 현실을 해석하거나 문제를 완벽히 해결하지 못하는 것은 기본적으로 인간을 합리적인 존재라 전제하기 때문입니다. 이러한 전통 경제학의 실패를 극복하려면 '인간'에 대한 탐구를 선행해야 할 것입니다. 인간 본성에 대한 연구를 게을리한 채 그저 인간을 합리적인 존재로 너무 쉽게 정의해 버리는 것이야말로 경제학을 쓸모없는 학문으로 만드는 주범이라 할 수 있습니다.

인간의 비합리적 행태가 가장 두드러지게 나타나는 것이 명품에 대한 집착입니다. 인간이 합리적이라면 '가성비' 좋은 상품을 사는 게 맞겠죠. 가격도 싸고 성능이 좋은 물건을 사는 건 지극히 합리적인 행위입니다. 그런데, 우리가 사는 물건들이 모두 가성비 좋은 상품이던가요? 가성비 좋은 상품은 어느 정도 수요를 만들어 낼 수 있지만 열광적인 지지를 얻지는 못합니다. 꼭 갖고 싶은, 언젠가 반드시 사겠다고 결심을 하게 만드는 이른바 '인생템'이 되는 경우도 극히 드뭅니다.

배가 부른 사람들, 유한계급

우린 너무 비싸 일반 사람들이 감히 엄두도 내지 못하는 물건에 종종 마음을 줍니다. "비싸지 않은 물건은 아름답지 않다." 미국의 사회학자이자 경제학자 소스타인 베블런(Thorstein Bunde Veblen)의 말입니다.

1899년에 출간된 베블런의 대표 저서 《유한계급론》은 인간과 경제의 본질을 꿰뚫고 있는 명저입니다. '유한계급'이란 단어는 'the leisured class'를 번역한 것입니다. 생산적 노동에는 참여하지 않고 소유한 자산으로 비생산적 소비 활동만 하는 집단을 말하죠. 이들 계급은 과거에만 존재했던 게 아닙니다. 오늘날 경제를 지배하는 사람들 역시 유한계급이라 할 수 있습니다. 대자본가, 건물이나 토지 임대업자, 사채업자 등이 대표적인데요. 우리는 이들을 '불로소득자'라고도 부릅니다.

베블런은 인간이 왜 사치품이라 불리는 별 필요도 없는 비싼 물건에 집착하는지 분석했습니다. 기본적인 의식주가 충족되었다면 자신의 능력, 신분을 과시하기 위한 '과시적 소비'를 하는 게 인간의 본능이라고 주장하며 그는 《유한계급론》에서 이렇게 말했습니다. "상류층은 과시적 소비를 통해 사회적 지위를 확립한다."

돈이 많아 '배가 부른' 사람들은 더 이상 의식주에 매달릴 필요가 없습니다. 남는 게 돈과 시간입니다. 여기에, 이들 유한계급 대부분은 자신이 남들과 다르다고 생각합니다. 자신이 얻은 부를 우연의

산물이 아니라 생물학적 우수성에 의한 결과로 보기도 합니다. 우리가 흔히 보는 재벌가의 일탈이나 갑질은 이들의 이런 생각이 잘 표출된 예입니다. 타인이 나와 동일한 인간이란 점을 인정한다면 갑질은 거의 발생하지 않을 겁니다. '나'는 우수하고 '너'는 열등하다는 생각이 타인에 대한 무차별적 폭행을 불러옵니다.

유한계급은 끊임없이 본인이 평범한 사람들과 다르다는 것을 확인하려 합니다. 갑질과 함께 이것을 나타내는 가장 흔한 모습이 '쓸데없는' 곳에 돈을 쓰는 것입니다. 이것이 '과시적 소비'죠. 남들이 엄두도 못 내는 물건을 사면서 이들은 타인과 자신이 다른 존재라는 것을 확인합니다. 그것이 기쁨의 원천이 되는 겁니다.

최근 강남에서 '슈퍼카' 또는 '슈퍼 럭셔리카'로 불리는 최고급 수입차 시장이 커지고 있다고 합니다. 고급 차 시장을 점유하던 브랜드가 렉서스 같은 브랜드에서 재규어, 포르셰, 벤틀리 등 최고급 브랜드로 변하고 있다는 분석입니다. 슈퍼카라고 언제나 목적지에 더 빠르게 닿을 수 있는 것도 아니고, 기름을 덜 먹는 것도 아닙니다. 그런데도 그 비싼 슈퍼카를 많이들 사는 이유는 하나일 겁니다. 그것으로 우월감을 느끼는 것이죠.

그렇다고 유한계급을 속물이라 비난할 필요는 없습니다. 사실 우리 대부분이 그들과 다를 게 별로 없기 때문입니다. 이는 현대 경제의 소비 특성을 보면 명백해집니다. 상류층의 소비 행태는 그대로 중산층 혹은 서민층에게 전이됩니다. 중산층과 서민층은 맹렬히 상류층의 소비 행태를 추종합니다. 명품 가방을 사고 독일산 자동차를 타는 게 상류층만은 아닙니다. 보통 사람들 중에도 빚을 내서라도 사는 이들이 있습니다. 할부로 사거나 그것도 여의치 않다면 중고를 삽니다. 가격이 높아질수록 수요가 늘어나는 베블런 효과는 '배부른' 사람에게서만 보이는 소비 특성이 아닙니다. 보통 사람들이 그토록 돈을 벌려 애쓰는 이유도 결국 유한계급이 되고 싶기 때문이니까요.

비쌀수록 수요가 늘어나는 이런 비합리적인 현상은 전통 경제학으론 설명할 수 없습니다. 비싸면 수요가 줄어야 하고 값이 떨어지면 수요가 늘어야 합니다. 하지만 고급 사치품 시장에선 이런 논리가 통하지 않습니다. 비싸야 잘 팔리고 싸면 거들떠보지도 않습니다. 그러므로 베블런 효과의 진실에 접근하려면 인간 본성에 대한 탐구가 필요합니다.

"허영은 사람의 마음속에 너무 깊숙이 뿌리박혀 있는 것이어서 병사도, 아랫것들도, 요리사도, 인부도 자기를 자랑하고 찬양해 줄 사람들을 원한다. 심지어 철학자도 찬양자를 갖기를 원한다." 근대 확률 이론을 창시한 파스칼의 말입니다. "인간은 갈대와 같다."란 말로 유명한 그는 인간 본성에 대한 탐구자였습니다. 그만큼 인간의 허영에 관해 깊이 있는 통찰을 한 사람도 많지 않습니다.

파스칼의 말마따나 우린 어쩌면 허영 덩어리인지도 모릅니다. 언제나 타인의 시선에 굶주려 있죠. 자신이 남과 다르다는 사실을 끊임없이 확인하려 하며, 겉치레에 집착합니다. 그것이 구체화된 소비 행태가 바로 '과시적 소비'입니다. 그리고 그런 인간의 허영을 집중

적으로 공략해 성공한 상품이 이른바 명품이라 불리는 브랜드라 할
수 있습니다.

'FLEX' 하는 마음

서태후는 청나라 9대 황제인 함풍제의 후궁이었으나 아들 동치제가 즉위하여 이후 약 50년간 섭정으로 청나라를 통치한 인물입니다. 이렇게 오랫동안 권력의 정점에 있던 서태후는 사치의 대명사로 불리기도 합니다.

먼저, 식탐이 대단했다고 합니다. 한 끼에 무려 128가지나 되는 음식을 먹었다고 전해지며, 이는 자그마치 은 100냥의 값어치였다고 하죠. 현대의 물가로 환산하면 약 800만 원에 달하는 금액으로, 당시 중국 농민의 1년 치 끼니를 해결할 수 있는 큰돈이었습니다. 게다가 서태후는 지방에 내려갈 때 16량짜리 열차를 탔는데 그중 4량이 주방이었다고 합니다. 식사 준비를 하는 요리사만 100여 명에 달했다고 하니 서태후의 음식 사치가 얼마나 극심했는지 일 수 있죠. 보석에 대한 애착도 대단해 언제나 비취와 진주로 머리와 옷을 장식했고 비취로 만든 손톱 보호판까지 달았다고 합니다.

서태후 사치의 절정은 이화원 건립이었습니다. 당시 서태후는 아편전쟁 때 불탄 이화원을 재건하는 데 은 30만 냥을 썼다고 합니다. 농민 한 사람의 1년 식비가 은 100냥 정도였다는 것을 고려하면 엄청난 금액이 아닐 수 없습니다. 이화원에서 서태후는 천하일미의 음식을 먹으며 향락에 빠졌습니다. 가히, 사치의 끝판왕이었다 할 수 있습니다.

사치의 기준

사치란 필요 이상의 돈이나 물건을 쓰거나 분수에 지나친 생활을 하는 것을 말합니다. 여기서 핵심은 자신의 분수에 맞지 않는다는 것입니다. 어느 정도부터 분수에 지나친 것인지 객관적인 기준은 없습니다. 오직 자신만이 자신의 분수를 알고 있으니 지극히 주관적일 수밖에 없죠. 따라서 타인에게 피해를 주지 않는다면, 그리고 무엇보다 자신이 감당할 수 있다면 외제 차를 타고 다니거나 수백만 원을 호가하는 명품 가방을 들고 다녀도 비난받을 일이 아닙니다. 상품의 가격이 문제가 아니니까요. 이렇듯 오늘날 사치에 대한 판단은 본인만이 할 수 있습니다.

고대 인류에게 사치는 자신의 힘을 과시하기 위한 수단이었습니다. 자신의 부와 지위를 강조하기 위해 축제를 열었고 다른 이들에게 사치스러운 선물을 수었습니다. 국가와 계급사회가 출현하면서 왕과 신을 위해, 그리고 계층을 나누는 데 활용된 것이죠. 그러므로 근대 이전의 계급사회에서 사치는 특정 계급의 전유물이었다고 할 수 있습니다. 그런데, 현대로 접어들수록 사치품의 품목이 다양해지면서 사치는 일반화됩니다. 오늘날 사치는 일상이 됐습니다. 현대인은 사치를 통해 행복을 삽니다.

'FLEX'란 말이 유행이죠. 자신의 돈, 명예, 성공 등을 뽐낼 때 쓰는 말입니다. 이 말의 유행은 자연스러운 현상으로 볼 수밖에 없습니다. 우리가 스스로 남과 다름을 증명하려 하고, 그것으로 행복을 느끼기 위해 일상적인 사치를 하고 있기 때문입니다.

현대의 개인주의적 경향은 타인이 아닌 '나'를 중요시합니다. 타인의 의견보다는 자신의 내면, 감정을 우선시하지요. 개성, 독창성, 개인의 취향을 표현하는 것은 개인주의 논리이며 새로운 사치 문화 탄생의 원인이 되고 있습니다. 다만, 그렇다고 해서 타인의 시선이나 평가를 전혀 신경 쓰지 않는다고는 할 수 없습니다. 대중과 함께 하고자 하는 욕구와 개성을 추구하는 욕구가 혼재하고 있다고 보면 됩니다.

물론, 보너스로 받은 목돈을 통장에 넣어 놓고 체크카드를 쓸 때마다 결제 문자를 확인하며 잔고를 보고 흐뭇한 미소를 짓는 이들도 있습니다. 모처럼 저렴한 삼겹살집에서 가족 외식을 하고 행복해하는 이들도 있고, 며칠간의 '소확행'을 즐긴 후 다시 검소한 삶으로 돌아오는 이들도 있습니다.

그런데 사치를 즐기는 사람과 검소한 삶을 이어가는 사람 중 누가 더 건강한 경제생활을 하고 있는 걸까요? 쉽게 단정할 수 없습니다. 어떤 이는 통장에 잔고가 쌓이는 것을 보며 만족감을 느끼고 또 어떤 이는 쉽게 구할 수 없는 운동화를 산 것에 행복을 느낍니다. 우리는 행복하기 위해 삽니다. 미래를 위해 오늘을 희생하든 불확실한 미래 대신 오늘의 행복을 선택하든 그것은 온전히 개인의 선택입니다.

다만, 내 씀씀이로 인해 피해를 보는 사람이 있다면 그것은 문제가 됩니다. 소비는 온전히 자신이 감당할 수 있는 수준에서 이뤄져야 합니다. 신용카드를 이용할 때도 자신의 능력으로 카드값을 낼 수 있는 수준이어야 하죠. 돈을 쓸 때는 계획이 있어야 한다는 얘기입니다. 타인에게 의지한 소비는 절제해야 합니다. 청소년이라면 부모님의 형편을 고려해야겠지요. 내 행복을 위해 타인에게 고통을 줘서는 안 됩니다. 어린아이라면 몰라도 중·고등학생이라면 사리 분별을 해야 합니다. 유행을 좇고 개성을 찾는 것도 중요하지만 그로 인해 나 아닌 다른 누군가에게 경제적으로 부담을 주는 일은 없어야 할 것입니다. 앞에서 예로 든 서태후의 사치를 떠올려 보세요. 누군가의 고통을 등한시한 소비는 비난받아 마땅합니다.

부르는 게 값이야?

"영택아! 빨리 좀 가자. 막차 끊어져. 대체 뭘 그리 넋 놓고 보고 있어?"

"야! 저 자동차 정말 멋지지 않니?"

사전은 '자본주의'를 다음과 같이 정의합니다. "생산 수단을 가진 자본가 계급이 노동자 계급으로부터 노동력을 사서 생산 활동을 함으로써 이익을 추구해 나가는 경제 구조." 이는 기본적으로 자본주의가 개인에게 생산과 소비의 자유를 보장한다는 것이고, 그 이전에 사유재산을 인정한다는 것입니다.

　이러한 '자본주의'는 인간의 욕망을 빨아들이며 성장합니다. 곳곳에 진열된 상품들과 화려한 광고들은 오징어잡이 배의 집어등이 되어 우리의 시선을 사로잡죠. 시선이 간다는 것은 욕망이 꿈틀대고 있다는 증거입니다. 시선이 향하는 대상이 매혹적인 이성이든 매끈한 가방이든 멋진 자동차든 말입니다. 자본주의는 인간의 욕망을 자극하기 위해 불빛을 밝혀야 합니다. 누군가의 시선이 향하도록, 머물도록, 그래서 그의 욕망이 살아 움직이도록 말입니다. 이성이 깨어나기 전에 누군가의 지갑을 열려면 원초적 본능 중 하나인 욕망을 자극하는 게 가장 빠릅니다. 그리고 자본가들은 이것을 너무나 잘 알고 있습니다.

일단 누군가의 욕망을 자극하는 데 성공했다면 이제 그의 지갑을 열어야겠죠. 시선을 사로잡은 것은 반만 성공한 것입니다. 마음에 들지만 지불 능력 밖이라면 지갑은 열리지 않습니다. 그렇습니다. 바로 가격이 소비자의 지불 능력 내에 있어야 하는 겁니다.

가격의 사전적 정의는 '물건이 지니고 있는 가치를 돈으로 나타낸 것'입니다. 자본주의 세상에 가격이 정해지지 않은 것은 거의 없습니다. 심지어 인체, 장기까지도 가격표가 붙어 불법으로 거래됩니다. 눈에 보이지 않는다고 가격이 없는 게 아닙니다. 누군가의 꿈이나 미래도 돈으로 살 수 있으니까요. 과하다고 주장할 수 있습니다. 그러나, 우리가 일자리를 얻는다는 것은 실제로 우리의 꿈이나 인생의 일부를 누군가에게 돈을 받고 판다는 얘기와 다르지 않습니다. 잔인하지만 자본주의 세상에서 우리 각자는 하나의 상품에 불과합니다.

인간은 보편적인 자유를 추구하는 존재지만 자본주의란 촘촘한 그물 앞에서 완전한 자유를 찾기란 거의 불가능합니다. 그나마 자유를 얻으려면 우리 스스로 가격표가 붙어 있는 상품이란 걸 인정할 필요가 있습니다. 결국 우리 스스로 우리의 상품성을 최대한 높여 경제적 능력을 갖출 때 비로소 보편적 자유 역시 가능하다는 게 자본주의의 역설입니다.

가격은 누가 정할까?

그렇다면 가격은 누가, 어떻게 정하는 걸까요? 오늘날 상품의 가격은 매우 복잡한 과정을 거쳐 결정됩니다. 또, 그렇게 정해진 가격이 상황에 따라 수시로 변합니다. 가격이 변하지 않는 상품이나 서비스는 별로 없습니다. 마트는 저녁 늦게 가는 게 유리합니다. 과채류 등은 폐점 시간에 가까워질수록 가격이 싸지니까요. 의류도 시즌 초반엔 비싸게 팔다가 시즌이 끝나 가면 가격을 내려 판매하죠.

일반적으로 가격을 결정하는 요소는 생산 원가, 수요, 공급, 경쟁의 정도 등입니다. 상품을 생산하는 데 들어가는 총비용에 적정 이윤을 더해 결정하는 게 가장 보편적인 방식인데, 동시에 경쟁 상품의 가격에 대응해 가격 결정이 이루어집니다. 이때 무시할 수 없는 게 소비자의 수요겠지요. 수요가 폭발적이라면 가격을 높게 책정해도 팔리겠지만, 수요가 적다면 가격을 낮춰야 할 것입니다. 공급 요인 또한 무시할 수 없습니다. 특정 상품의 공급이 많다면 가격을 낮춰야 경쟁력이 생깁니다. 반대로 공급이 적다면 가격을 높게 책정할 수 있습니다. 이 외에도 가격 결정에 영향을 주는 요소는 너무 많습니다. 수익성, 시장 진입 난이도, 법적 규제, 구매자의 사회심리학적 특성, 지리적 요인도 영향을 줍니다.

하지만 경제학 입문서인 《경제학원론》에서는 가격은 수요와 공급이 결정한다고 기술합니다. 수요 법칙에 따르면, 한 재화의 가격이 오르면 수요가 줄고 가격이 내리면 수요가 늘어납니다. 할인을 하면 더 많이 팔립니다. 20만 원 하던 운동화를 50% 할인해 10만 원에 팔면 그동안 비싸서 지갑을 열지 않았던 사람들이 몰립니다. 공급 법칙은 재화의 가격이 오르면 공급량이 증가하고 재화의 가격이 내려가면 공급량이 줄어드는 경향을 말합니다. 배추 가격이 올라 '금추'가 되면 일반적으로 생산량이 늘어납니다. 반대로, 양팟값이 폭락하면 생산량이 감소합니다.

수요 공급의 법칙이란 특정 상품이나 서비스의 시장가격은 수요와 공급이 일치하는 지점에서 결정된다는 것입니다. 다만, 전제 조건이 있습니다. 다수의 수요자와 공급자가 존재하는 완전 경쟁 시장이어야 한다는 것이죠.

그런데 정말 현실에서 수요와 공급의 양에 따라서만 가격이 결정될까요? 그렇지 않은 경우를 우린 자주 봅니다. 가격을 결정하는 요인은 너무 많습니다. 여러 스마트폰을 살펴보면, 성능에 큰 차이가 없음에도 가격 차이가 크게 나는 것들이 있습니다. 벤츠는 현대자동차에 비해 훨씬 고가지요. 이들 제품이 경쟁 제품에 비해 비싼 이유는 단순히 수요가 많아서도 공급이 적어서도 아닙니다. 수요와 공급 이외에 가격 결정에 영향을 미치는 요인은 너무나 많습니다.

가격이 비싸거나 계속 오르는데도 수요가 줄지 않고 오히려 늘어나는 재화들이 있습니다. 명품 가방이나 고급 자동차 등 자신이 남과 다르다는 인간의 욕망을 붙들어 두는 데 성공한 재화들입니다. 보통 이런 재화를 '위풍재'라 합니다. 눈치챘겠지만 위풍당당하다 해서 붙여진 이름입니다. 돈이 있든 없든 누구나 갖고 싶어 하는, 복권에 당첨되면 사고야 말겠다고 다짐하는 그런 재화입니다. 평당 1억 원에 근접한 강남의 아파트나 고급 주택 역시 위풍재라 할 수 있습니다.

이들에 대한 수요는 좀처럼 줄지 않습니다. 외려 가격이 올라 아무나 가질 수 없는 재화가 될 때 인간은 그것을 갖기 위해 안달을 합니다. 돈을 가진 이들에겐 남과 다름을 보여주는 상징이 되며 현실적으로 그것을 살 수 없는 사람들에겐 '꿈'이자 '로망'이 됩니다. 이들 재화의 가격 결정 권한은 온전히 제품을 생산하거나 서비스를 제공하는 사람들이 갖습니다. 거의 경쟁이 없기 때문에 가능한 일이죠. 게다가 가격을 올려도 수요가 줄지 않습니다. 자본주의는 인간의 욕망을 부채질하는 체제입니다. 이런 체제에서 인간의 욕망을 사로잡는 데 성공한 위풍재는 특별한 경우가 아닌 한 승승장구하게 됩니다. 경제가 아무리 어렵더라도 이런 재화는 팔립니다.

일반적으로 수요는 소득이 증가함에 따라 늘어나는 게 정상입니다. 이런 재화를 '정상재'라 부릅니다. 옷, 가전제품 등이 대표적입니다. 소득이 늘면 몸에 좋은 음식, 더 좋은 옷, 고성능 가전제품 등을 찾습니다. 그러나 상대적으로 우월한 대체재가 존재하는 일부 재화는 소득이 늘면 수요가 외려 줄어드는 현상을 보이기도 합니다. 이런 재화를 우린 '열등재'라 부릅니다. 다시 말해 열등재는 수요의 소득탄력성이 마이너스인 재화를 말합니다. 대표적으로 보리쌀과 돼지고기를 들 수 있습니다. 보리쌀과 돼지고기는 쌀이나 소고기에 비해 사람들이 상대적으로 열등한 재화라고 생각하는 경향이 있습니다. 소득이 늘수록 이들 재화에 대한 수요는 점차 줄어들게 됩니다. 재고품 역시 열등재가 될 가능성이 큽니다. 재고가 된 물건들은 가격을 내려도 유행이 지났기 때문에 사람들이 거의 찾지 않습니다. 정상재의 경우 가격 결정 권한은 어느 정도 생산자에게 있지만, 열등재의 경우엔 가격 결정에 있어 생산자가 갖는 권한이 대폭 줄어듭니다. 핵심은 가격을 결정하는 건 결국 생산자와 공급자지만 그 결정 과정에 영향을 미치는 변수는 수없이 많다는 것입니다.

SPA 브랜드 옷이 저렴한 이유

'SPA(스파)' 브랜드라고 불리는 옷이 유행한 지 꽤 됐습니다. 그런데, 우리가 일상적으로 쓰는 'SPA'란 단어엔 생각보다 많은 경제적 의미가 담겨 있습니다. SPA는 'Specialty retailer of Private label Apparel'의 약자입니다. 수많은 재화 중 의류 브랜드에 한정된 용어인데요. 쉽게 설명하면, 아이템 개발과 기획부터 생산, 유통, 판매까지 전 과정을 전담하는 의류 브랜드라고 보면 됩니다.

왜 SPA 브랜드가 탄생한 걸까요? 옷을 만들 때 디자인, 제조, 유통, 판매를 각기 다른 회사가 한다면 가격이 그만큼 높아집니다. 외부에 제조를 맡기면 돈을 줘야 하고 유통 업체를 통해 판매하면 역시 수수료를 줘야 합니다. 제조와 유통, 판매, 단계별로 비용이 들어가기 때문에 옷 하나하나의 판매가가 높아질 수밖에 없습니다. 게다가 소비자에게 판매될 때까지 많은 시간이 소요됩니다. 소비자의 반응에 즉각적으로 대응할 수 없죠. SPA 브랜드는 이런 문제를 일시에 해결했습니다. 제조에서 판매까지 전부 전담하면서 말입니다.

이들의 강점은 저렴한 가격, 그리고 트렌드를 즉각적으로 반영할 수 있다는 점입니다.

우리나라에는 일본 캐주얼 의류 업체인 유니클로가 매장을 열면서부터 SPA 브랜드가 알려졌습니다. SPA 브랜드의 대형화, 세계화는 이 브랜드들이 현대 사회의 특성을 잘 반영했기 때문에 가능했습니다. 오늘날은 개성이 중시되는 시대입니다. 욕구의 다양성이 존중되는 세상이죠. 게다가 빠르게 달라집니다. 인간은 타인과 같아지고 싶은 욕망도 갖고 있지만 남과 다름을 추구하는 성질도 지녔다고 앞서 말한 바 있습니다. 유행을 중시하면서도 그것이 너무 일상화되면 다른 스타일을 추구합니다. SPA 브랜드는 이런 인간의 욕망과 성질을 잘 이해하고, 이용하고 있습니다.

우리들의 양면성

가을철 철새들의 이동 모습은 이러한 인간의 모습과 닮았습니다. 리더인 대장 새의 뒤를 따라 수많은 새들이 무리 지어 이동합니다. 패션에서 보이는 인간의 양태도 마찬가지입니다. 패션 리더는 대부분 '셀럽'이라 부르는 유명인들이죠. 이들이 입고, 쓰고, 먹는 것 들은 화제가 되고 단숨에 히트 상품 반열에 오릅니다. 이들의 뒤를 이어 대중이 비슷한 옷을 입고, 곧 유행이 됩니다. 물론 이런 유행은 그것을 진부하게 느낀 또 다른 패션 리더에 의해 새로운 형태로 바뀌게 됩니다. '셀럽 경제(Celeb Economy)'란 말을 들어 보셨나요? '셀럽'과 '경제'의 합성어로 유명인이 이용하는 아이템이 곧바로 히트 상품이 되는 현상을 말합니다. 스타의 공항 패션, 영화나 방송의 소도구로 노출되는 PPL 상품이 인기를 얻는 경우가 대표적입니다. 셀럽 경제는 유명인들과 비슷해지고 싶어 하는 대중의 욕망이 낳은 산물입니다.

한편, 인간은 타인과 다름을 추구하는 성질도 지녔습니다. 너도 나도 입는 옷에는 흥미를 잃게 됩니다. 그 결과 유행이 자주 바뀝니다. 인간의 이런 성질을 잘 이해하고 있는 SPA 브랜드는 이른바 '반응 생산'에 주력합니다. 유행에 맞춰 제품을 신속하게 만들어 나가는 것을 말합니다. 시범적으로 소량을 출시해 고객의 반응을 보고 계속 출시할지 말지를 결정합니다. 소비자의 다양한 요구를 즉각적으로 반영하는 것이죠. 제품을 직접 디자인하고 생산하기에 가능한 일입니다.

이러한 대응은 디자인, 제조, 유통, 판매를 분리하고 있는 다른 회사들은 엄두도 내지 못할 일입니다. 전통적인 의류 업체는 보통 한 철 앞서 제품을 생산합니다. 유행할 것 같은 옷을 대량으로 생산한 후 전문 판매점을 통해 소비자들에게 물건을 팝니다. 비용도 비용이지만 유행을 맞추지 못하면 막대한 손해를 보게 됩니다. 반면, SPA 브랜드는 백화점 등의 고비용 유통을 하지 않고 대형 직영 매장을 운영해 싼 가격에 제품을 공급합니다. 동시에 소비자의 욕구나 요구를 정확하고 빠르게 파악해 상품에 반영합니다. 고객 수요와 시장 상황에 따라 1~2주 만에 '다품종 대량 공급'이 가능합니다.

SPA 브랜드는 현대인의 성질, 즉 빠름과 다양성을 파고들어 성공했다고 말할 수 있습니다.

사람들은 왜 신상품에 그토록 열광할가?

"고객은 항상 새로운 것을 원하고, 자신을 남과 비교함으로써 상대적 만족을 얻으려 한다." 미국 철강왕 앤드류 카네기가 한 말입니다. 카네기는 스코틀랜드계 미국인으로, 기차역에서 잔심부름을 하던 소년에서 초대형 철강 회사의 경영주 자리에까지 오른 입지전적 인물입니다. 말 그대로 '아메리칸 드림'의 아이콘이죠. 생전에 지독하고 악랄했다는 얘기가 있지만, 이런 말을 남긴 것으로 보아 인간의 본성만큼은 확실히 파악하고 있던 것 같습니다. 일반 소비재가 아닌 철강업계 인물이 인간의 본성을 파악하고 있었다는 건 놀라운 일이 아닐 수 없습니다. 어쩌면 그래서 입지전적 거부가 되었는지도 모릅니다.

우린 두 개의 얼굴을 가졌습니다. 하나의 얼굴은 수렵 생활을 하던 원시시대부터 갖고 있던 것입니다. 수렵 생활에선 무리에서 떨어진다는 것이 곧 죽음을 의미했습니다. 혼자서는 음식물을 구하기 쉽지 않고 야생동물의 습격에도 무방비 상태가 될 수밖에 없었기 때문입니다. 공동체 생활에서 배제되어 홀로 삶을 영위한다는 것은 거의 불가능했습니다. 이는 인류의 DNA에 깊숙이 새겨져 오늘까지 이어졌습니다. 그래서 우리는 군중 속에 섞여 있으면 안정감을 느낍니다. 주식 열풍이 불면 너도나도 주식을 사고 부동산 광풍이 불면 너도나도 아파트를 사는 이유도, 유행을 좇는 행위도 같은 맥락입니다. 남과 비슷하거나 동일한 소비를 할 때 우린 편안함을 느낍니다. 뒤처지지 않는다는 안도감 때문입니다.

우리의 또 다른 얼굴은, 남과 비교해 돋보이고 싶어 하는 본성입니다. 신상품을 향한 인간의 욕망은 강렬합니다. 새 집, 새 차, 새 옷의 냄새는 우리를 전율케 합니다. 그리고 남들과 달라지고 싶어 하는 인간의 욕망을 충족시켜 줍니다. 사실 새것이라 해도 과거의 것과 크게 다르지 않습니다. 옷은 옷깃의 높낮이가 바뀐 정도고, 차는 후미등 디자인이 바뀐 정도입니다. 그래도 우린 신상품에 열광합니다.

"그것이 능력이든 부의 대물림이든 누구나 부자가 될 수 있다. 돈을 모으는 것에 제한도 없다. 그 돈을 어떻게 얼마를 쓰는가도 개인의 자유의지에 맡겨져 있다. 불법만 아니면 된다." 이게 자본주의의 본질입니다. 이런 체제에서 경쟁은 불가피합니다. 남들보다 돈을 더 벌기 위해 대부분 최선을 다합니다. 왜 우리는 이렇게까지 치열하게 경쟁하며 사는 걸까요? 바로 남과 달라지고 싶은 욕망 때문입니다. 친구보다 공부를 잘해야 하고 비싼 옷을 입어야 합니다. 더 비싼 자동차를 타야 만족합니다.

자본주의가 발달하면서 전통적인 계급사회는 허물어졌지만, 계급은 여전히 존재합니다. 상류계급으로의 전환은 중간계급의 꿈입니다. 그러나 현실적으로 매우 특별한 경우가 아니면 올라서는 것이 불가능하기 때문에 이룰 수 없는 꿈에 가깝죠. 그러나 수많은 상품들은 이런 중간계급에게 집요하게 유혹의 미끼를 던집니다. 이 옷을 입으면, 이 자동차를 타면 당신은 유명 스타나 돈 많은 부유층과 동급이 되는 거라고 말합니다.

하지만 모두가 명품을 사고 고급 자동차를 타지는 못합니다. 중산층 대부분이 그럴 수 없습니다. 그러기 때문에 대리 만족이라도 해야 합니다. SPA 브랜드가 인기를 얻은 이유가 여기에 있습니다. 한발 먼저 유행을 선도함과 동시에 비싸지 않은 가격으로 물건을 팔죠. 동시에 다양한 상품을 팝니다. 대중성과 개성을 만족시키면서 가격까지 낮춤으로써 중산층의 이목을 끌고 있는 겁니다.

규모의 경제

'규모의 경제'란 말을 들어 봤을 겁니다. 규모의 경제란 특정 재화를 대규모로 생산할 경우 생산비가 감소해 공급 가격이 낮아지고, 이것이 수요의 증가를 불러일으켜 대량 소비로 이어져 생산비가 더 감소하는 것을 말합니다. 일반적으로 가격은 생산에 들어가는 비용과 이윤의 합으로 정해집니다. 대량생산이 이뤄지면 생산에 들어가는 투입 비용은 줄어듭니다. 자동차 공장을 예로 들어 봅시다. 직원한 명이 하루에 조립할 수 있는 자동차의 수가 100대라 가정해 보겠습니다. 이 직원의 하루 임금은 30만 원입니다. 직원이 하루 1대를 조립하든 100대를 조립하든 임금은 30만 원으로 같습니다. 하지만 자동차 1대에 들어가는 인건비는 변합니다. 하루 1대를 조립할 때 인건비는 30만 원이지만 100대를 조립하게 되면 3000원으로 확 떨어집니다. 생산량이 늘수록 평균 생산비가 팍팍 떨어지는 겁니다.

규모의 경제는 이처럼 대량생산 체제를 갖출수록 생산비가 감소하는 것을 말합니다. 하지만 모든 산업에 다 적용되지는 않습니다. 고정비가 전체 비용에서 차지하는 비중이 클수록 규모의 경제가 이뤄집니다. 즉, 자본 집약적 산업에서 규모의 경제가 가능합니다. 반도체, 화학, 철강 같은 산업이 대표적입니다. 반도체를 10개 생산하든 100만 개를 생산하든 일정한 규모의 공장을 짓고 가동해야 합니다. 이런 산업의 경우 규모의 경제가 이뤄져야 경쟁력이 생깁니다. 덩치가 크면 원재료나 부품을 많이 구매할 수밖에 없습니다. 대량으로 구매하면 그만큼 값이 싸지는 게 일반적이지요. 비용이 그만큼 더 낮아지는 것입니다.

흔히 SPA 브랜드가 규모의 경제를 추구한다고 하는데요. 실제로 그렇진 않습니다. 물론 경우에 따라 규모의 경제를 이룰 수도 있습니다. 글로벌 SPA 브랜드의 경우는 생산량이 매우 많기 때문에 당연히 원자재 구입 시에 다른 중소기업에 비해 혜택을 받을 수 있습니다. 동시에 대규모 생산을 하기 때문에 공장 자동화를 통해 인건비 등을 절약할 수 있습니다. 다만, SPA 브랜드의 생산 방식은 다품

종 소량 생산 혹은 즉각적인 대응 생산입니다. 규모의 경제는 소품
종 대량생산에 적합한 방식이기에 SPA 브랜드에 걸맞지 않습니다.

교복 가격의 불편한 진실

CF를 보면 시대를 읽을 수 있습니다. 어떤 기업과 상품이 세상의 트렌드를 이끌어 가고 있는지를 알 수 있죠. TV CF엔 당대의 아이콘들이 출연합니다. 대중이 열광하고, 닮고 싶어 하는 이른바 '스타'들이죠. 이런 이유로 TV 광고를 찍을 수 있는 기업은 많지 않습니다. 제작비가 만만치 않으니까요. 유명 연예인은 몸값이 비쌉니다. 아무렇게나 찍어서도 안 됩니다. 대중의 마음을 흔들 수 있는 카피와 음악, 영상 등이 필요합니다. 최고의 전문가 그룹이 나서야 합니다. 게다가 TV에 광고하는 것 자체에 큰돈이 들어갑니다. 누구에게나 기회가 열려 있다곤 하지만 아무나 할 수 없는 게 TV 광고라 할 수 있습니다.

그런데, 신학기가 되면 어김없이 교복 광고가 등장합니다. 그것도 당대를 풍미하고 있는 아이돌 그룹이 모델로 나옵니다. 원조 아이돌 그룹인 HOT, 젝스키스, 동방신기 등을 비롯해 방탄소년단, 워너원, NCT 등 많은 아이돌이 교복 광고를 찍었습니다. 소녀시대, 원

더걸스, 트와이스 등 걸그룹도 예외는 아니었습니다. 이 정도면 가히 초특급 모델이라 할 수 있겠지요.

교복 시장이 크다고 할 수는 없습니다. 중·고등학생만을 대상으로 한 제한적 시장이니까요. 또, 교복은 한번 장만하면 몇 년 입기 때문에 교체 주기가 짧은 상품도 아닙니다. 그런데 어떻게 교복 회사는 이처럼 비싼 모델을 쓸 수 있는 걸까요? 간단합니다. 비용을 제하고도 수익이 나기 때문입니다. 물론 큰 자본이 있는 기업에 해당하는 얘기입니다.

과점 상태의 시장에서는 좀처럼 가격 경쟁이 발생하지 않습니다. 가격으로 경쟁하면 모두가 공멸한다는 사실을 잘 알고 있어 누구도 먼저 가격을 내리려 하지 않습니다. 기업은 이윤 극대화를 목적으로 하지만 과점 시장에서는 가격 조정을 통해 이윤을 늘리는 게 제한됩니다. 대신 다른 방법으로 이윤을 늘리려 시도합니다. 바로 시장점유율을 높이는 방법이죠. 그래서 많은 회사가 제품의 차별화를 통해 시장에서의 점유율 확대를 꾀합니다.

그런데, 이마저도 여의치 않은 시장이 교복 시장입니다. 교복 제조에 들어가는 재료와 비용은 어느 회사나 비슷합니다. 제품을 타사 제품과 차별화해야 하는데, 그마저도 쉽지 않습니다. 디자인을 획기적으로 바꿀 수도 없고 들어가는 원단도 제한적이기 때문입니다. 제품 차별화를 위해 교복에 캐시미어나 모피를 사용하거나 금단추를 달 수는 없는 노릇이죠.

결국 기업은 광고를 통해 학생들의 관심을 끌어야 합니다. 그게 시장점유율을 늘릴 수 있는 거의 유일한 방법입니다. 이런 이유로 교복 광고에 유명 아이돌 그룹과 연예인이 모델로 등장하는 것입니다.

교복 시장은 왜 '과점' 시장인가

교복을 만드는 회사는 많습니다. 다만, 청소년들이 선호하는 이른바 '브랜드' 교복은 기껏해야 서너 개에 불과합니다. 이들 브랜드의 교복 가격은 한 지역 안에서는 큰 차이가 없습니다. 고작 몇천 원 정도밖에 차이가 나지 않습니다. 이상한 일이 아닐 수 없습니다. 비싼 광고료를 부담하면서 아이돌 그룹을 모델로 쓰는 마당에, 다시 말해 치열하게 경쟁하는데 교복값이 비슷하다니요. 완전경쟁 시장이라면 당연히 가격을 내려 시장 지배력을 확보하려는 정책을 쓰기 마련입니다. 그런데도 비슷한 가격을 유지한다는 건 교복 시장이 완전경쟁 체제가 아니란 방증입니다.

그렇습니다. 앞서 말했듯 교복 시장은 과점 시장입니다. 과점 시장이란 몇 개의 소수 기업이 지배하는 시장을 말하지요. 여기서 또 의문을 가질 수 있습니다. 교복 시장엔 중소기업을 포함하면 수십 개의 기업의 존재합니다. 그런데, 왜 과점 시장이라 할까요? 이유가 있습니다. 특정 시장이 독점이냐 과점이냐를 판단할 때 기준이 되는 것은 시장에 참여하는 기업의 수가 아니라, 시장점유율입니다. 시장점유율이란 시장에서 특정 기업의 상품이나 서비스가 차지하는 비중을 말합니다. 수백, 수천 개의 기업이 영업 중이라 해도 사실상 몇 기업이 시장을 장악하고 있다면 이는 과점인 것입니다.

흔히 독점이라고 하면 특정 시장에 한 개의 기업만 존재하는 것으로 착각합니다. 그렇지 않습니다. 많은 기업이 있어도 시장을 특정 기업이 좌지우지하는 상황이라면 독점이라 할 수 있습니다. 교복 시장을 예로, 시장에 100개의 기업이 있다고 가정해 봅시다. 그런데 한 기업의 시장점유율이 98%에 달한다면 나머지 99개 기업 점유율은 전부 합해 봐야 2%에 불과합니다. 이 시장은 독점입니다. 하나의 기업에 의해 시장이 지배당하고 있기 때문입니다.

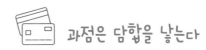 **과점은 담합을 낳는다**

과점 시장에선 '담합'이 쉽습니다. 소수의 기업이 장악한 시장이라 그중 한 기업의 선택이 다른 기업의 이윤에 커다란 영향을 미치기 때문입니다. 한 동네에 맛이 비슷한 김밥집 A, B가 있다고 가정해 봅시다. 두 곳 모두 3000원을 받고 야채김밥을 팔았습니다. 그런데 어느 날 A가 가격을 500원 내린 2500원에 팔기 시작합니다. 당연히 사람들은 그 이후로 더 저렴한 A에서 김밥을 살 것입니다. 이렇게 되면 가격을 인하하지 않고 있던 B도 가격을 내릴 수밖에 없게 됩니다. 이때 만약 A의 가격 인하에 화가 난 B가 가격을 1000원 내린 2000원에 김밥을 판다면 A는 어떤 선택을 하게 될까요? 결국 A 역시 2000원에 팔 수밖에 없게 됩니다. 가격 인하는 연쇄적인 인하를 부르게 됩니다. 그럼 공멸이겠지요. 두 김밥집 모두가 생존하려면 선택할 수 있는 건 하나입니다. 서로 같은, 혹은 비슷한 가격에 김밥을 파는 수밖에 없습니다. 의도적이든 아니든 담합이 발생할 수밖에 없는 것입니다.

'담합'이란 경쟁 업체끼리 가격에 대해 의논하며 합의함으로써 그 분야의 실질적인 경쟁을 제한하는 행위를 가리킵니다. 담합이 이뤄지려면 참여 기업 수가 적어야 합니다. 그래야 합의가 쉽기 때문이지요. 서너 명의 친구가 어떤 영화를 볼지를 결정하는 건 그리 어렵지 않습니다. 하지만, 수십 명의 친구가 어떤 영화를 볼지 결정하는 건 매우 어렵지요. 마찬가지입니다. 소수의 기업이 존재하는 과점 시장에서 담합이 더 많이 발생하는 이유도 여기에 있습니다.

　담합을 하게 되면 기업은 편해집니다. 이윤 극대화도 꾀할 수 있습니다. 다른 기업의 의사 결정이나 행동을 고려하지 않아도 되기 때문입니다. 담합이 없다면 기업은 항상 다른 기업의 행동 양상에 촉각을 곤두세워야 합니다. 다른 김밥집이 가격을 언제 얼마나 내릴지, 어떻게 대응해야 할지를 두고 머리를 싸매야 합니다. 그러나, 담합이 이뤄지면 이런 걱정을 할 필요가 없습니다. 설사 인건비나 재료비가 올라도 다시 담합을 해 가격을 일괄적으로 올리면 그뿐입니다.

　문제는 담합이란 행위가 경쟁을 없애 버린다는 데 있습니다. 경쟁이 사라지면 소비자 편익은 줄어들게 됩니다. 담합이 없는 경쟁 상태라면 기업들은 이익 극대화를 위해 가격을 내릴 수도 있고 제품의 질을 높일 수도 있습니다. 그것은 소비자, 즉 물건이나 서비스를 구입하는 사람들의 이익으로 귀속됩니다. 하지만, 담합이 이뤄지면 이런 일은 좀처럼 발생하지 않게 됩니다. 소비자들은 울며 겨자 먹기로 비싼 값을 치르게 되죠.

교복도 과점 시장이라 담합 의혹에서 자유롭지 않습니다. 브랜드가 아니라 지역별로 가격의 차이가 나는 상황이기 때문에 담합일 가능성이 큽니다. 그런데도 이런 상황이 계속해서 유지되는 건 적발이 쉽지 않기 때문입니다.

담합 여부를 밝혀내는 게 어려운 이유

담합은 자본주의 시장경제 체제를 부정합니다. 공정한 경쟁을 막고 자원의 효율적 배분이란 경제학 근본 원칙을 허뭅니다. 그래서 정부는 이를 법으로 금지하고 있습니다. 공정거래법을 통해 규제하고, 과징금을 부과하며 형사적 책임을 묻습니다. 공정거래위원회는 매년 수십 건의 기업 담합을 적발해 과징금을 부과하고 있습니다. 그런데도 담합은 좀처럼 근절되지 않습니다.

외식비가 많이 올랐습니다. 대도시에선 만 원은 있어야 점심을 먹을 때 걱정이 없습니다. 한데 이상한 일이 있습니다. 한 분식점이 떡볶이 가격을 올리면 어느새 다른 분식집 떡볶이 가격도 같이 오릅니다. 한 미용실 커트 요금이 오르면 다른 미용실 커트 요금도 약간의 시차를 두고 오릅니다. 몇 년 전엔 점심 한 끼를 해결하는 데 5000원 정도가 들었다면 요즘은 7000~8000원은 있어야 합니다. 어디를 가도 마찬가지이고 어떤 식당을 가도 얼추 비슷합니다.

하지만 담합은 아닙니다. 식당 주인, 미용실 주인이 모두 모여 회의를 해서 가격을 올리기로 결정한 것이 아니기 때문입니다. 담합의 증거, 물증이 없습니다. 식자재와 인건비가 올라 가격을 올릴 수밖에 없었다는 대답만 돌아올 뿐이지요. 물증이 없기 때문에 공정거래법 위반이라고 판단하기 어렵습니다. 정부는 행정지도를 통해 이를 단속하려 하지만 실질적인 효과를 거두기는 매우 어려운 게 현실입니다.

'밴드왜건(bandwagon) 효과'라는 게 있습니다. 밴드왜건은 축제 행렬의 맨 앞에서 흥을 돋우는 역할을 하는 마차를 가리킵니다. 마차엔 음악을 연주하는 밴드가 타고 있지요. 이 마차가 지나가면 군중은 별생각 없이 덩달아 뒤를 졸졸 따르게 됩니다. 경제학에서 밴드왜건 효과를 '편승' 효과라고도 하는데요. 유행, 즉 타인의 소비 행태에 다수의 사람들이 영향을 받는 현상을 말합니다. 어떤 재화나 서비스에 대해 사람들의 수요가 많아지면 유행을 좇는 새로운 소비자들이 나타나 수요가 더욱 증가하는 현상이죠. '친구 따라 강남 간다.'라는 속담을 떠올리면 이해가 쉬울 것입니다.

밴드왜건 효과는 소비자들에게만 나타나는 현상이 아닙니다. 기업들도 편승 욕구가 있습니다. 어떤 업체가 먼저 가격을 올리거나 내리면 나머지 업체들도 따라 하게 됩니다. 인건비나 재료비가 올라 가격을 올려야 하지만 소비자들의 반발이 두려워 대부분의 업체는 눈치를 봅니다. 어떤 기업도 위험 부담을 지기 싫어합니다. 이때 어떤 기업이 선도적으로 가격을 올리면 너도나도 따라 올리게 됩니다. 이는 제품의 가격을 엇비슷하게 만들어 '담합'의 효과를 내게 됩니다. 이런 경우 의도적 담합이 아니기 때문에 공정거래법 위반으로 볼 수는 없습니다.

밴드왜건 효과는 '가격 선도'에서 잘 나타납니다. 시장을 주도하고 있는 이른바 선도 업체가 가격을 먼저 올리면 나머지 회사들도 약간의 시차를 두고 일제히 가격을 올리게 됩니다. 가격 선도를 한 업체 뒤를 따르는 것이지요. 결국 제품 가격이 비슷해져서 담합의 효과가 나타납니다. 이런 가격 선도는 과점 상태의 시장에서 흔히 볼 수 있습니다. 소주, 라면, 통신 시장 등 서너 개의 회사가 시장을 장악하고 있는 경우 흔히 목격되는 현상이지요. 문제는 그것이 담합인지 선도 효과인지를 파악하기 쉽지 않다는 데 있고 그에 따라 국가의 제재 역시 한계가 있다는 것입니다. 과점으로 인한 폐해는 이토록 무서운 것입니다.

그냥 같이 쓰면 되는 거 아니야?

2018년 12월, '카카오 카풀' 서비스를 반대하던 한 택시 기사가 국회의사당 앞에서 분신해 숨지는 사건이 있었습니다. 택시 기사는 유서에서 "어플 하나 개발해서 4차산업, 공유경제라는 말로 포장해서 불법 자가용 영업을 하는 카풀 사업자 카카오에 대하여 정부는 엄정한 법 적용을" 해야 한다고 주장했습니다. 이 사건은 불난 집에 휘발유를 끼얹었지요. 택시 업계는 일제히 들고 일어났고, 카풀 영업을 철회하지 않으면 총력 투쟁에 나서겠다는 입장을 밝혔습니다.

택시 기사의 유서에 '공유경제'란 용어가 등장합니다. 공유경제 (Sharing Economy)란, 말 그대로 물품이나 서비스를 서로 대여해 주고 나눠 쓰는 온라인 기반 개방형 비즈니스 모델을 말합니다. 공유 경제라는 용어는 2008년 미국 하버드대학교 로렌스 레식 교수가 붙였지만, 이미 그 전부터 주목받고 있던 개념입니다.

"방 4개에 화장실 2개인 아파트에 부부만 산다. 집이 텅 빈 느낌이다. 남는 방이 아깝다."

"여의도에서 상암동 사무실까지 매일 자가용으로 출퇴근을 한다. '나홀로족'이다. 큰 차가 아깝다."

"직장인들이 모두 출근한 아파트 주차장은 3분의 1이 빈다. 빈 주차장이 휑하다."

많은 이들이 현대를 '결핍의 시대'라고 합니다. 우리 대부분은 사고 또 사도, 채우고 또 채워도 부족함을 느끼며 살고 있습니다. 하지만, 주변을 돌아보면 남아도는 것들이 꽤 많습니다. 자동차, 방뿐만 아니라 노동력도 남아돌고 있습니다. 이처럼 남는 재화와 서비스를 나눠 쓰자는 개념에서 시작된 것이 바로 공유경제입니다. 과거엔 이렇게 남아도는 것들을 실시간으로 파악할 수 없었습니다. 또, 그것들을 필요로 하는 사람들이 얼마나 되는지도 알 수 없었죠. 하지만 정보통신 기술이 발달하면서 남아도는 것들과 그것을 필요로 하는 사람들을 실시간으로 연결할 수 있게 되었습니다. 공유경제가 실현될 수 있는 기반이 마련된 것입니다.

공유경제는 이미 우리 곁에 와 있습니다. 미국의 차량 공유 서비스 우버(Uber)와 숙박 공유 서비스 에어비앤비(Airbnb)가 대표적입니다. 이들은 경제의 새로운 장을 열어가고 있습니다. 2014년, 이들 두 기업은 이미 같은 일을 하는 오프라인 1위 기업의 시장 가치를 넘어섰습니다. 에어비앤비는 2009년 첫해에 2만 건의 숙박을 중개했는데, 불과 5년 뒤인 2014년이 되었을 땐 한 달에 100만 건을 중개할 정도로 성장했습니다. 2010년 3개 도시에서 서비스를 시작한 우버의 기업 가치 평가액은 2018년에 1000억 달러를 넘겼습니다.

당시 정보기술 기업 부문으로는 사상 최대였습니다. 미국 자동차 3사인 제너럴모터스와 포드, 피아트크라이슬러의 기업 가치를 합한 것보다 큰 수치였습니다. 우버는 현재 71개국 900여 개 도시에서 서비스를 제공하고 있습니다.

공유경제는 전 분야로 확대되고 있습니다. 빈방이나 자동차는 물론이고 사무실, 주차장, 옷, 도구, 지식과 재능, 경험, 취미까지 공유하는 문화가 확산되고 있습니다.

신뢰를 중개해 드립니다

공유경제의 특징 중 눈에 띄는 게 있습니다. 바로 개인과 개인의 거래라는 것입니다. 이를 P2P(Peer to Peer) 거래라고 하죠. 'Peer'라는 단어는 차별이 없는 대등한 지위, '동등성'을 내포하고 있습니다. 오늘날 거래는 차별적인 경우가 대부분입니다. 때론 생산자가 우위에 서기도 하고 때론 소비자가 우위에 서기도 합니다. 생산자와 소비자의 분리가 오늘날 거래의 일반적인 형태입니다. 하지만 P2P 거래에선 생산자가 소비자가 되고 소비자가 생산자가 됩니다. 생산자와 소비자의 위치가 그때그때 변합니다.

에어비앤비는 남는 방을 여행자나 필요한 사람에게 빌려주는 서비스입니다. 이 경우, 남는 방을 빌려주는 사람은 생산자가 됩니다. 하지만 그도 어딘가로 떠날 때 다른 사람의 방을 이용하게 됩니다. 이 경우엔 소비자가 되겠지요. 과거 대부분의 소비자들은 생산자의 지위에 올라설 수 없었습니다. 생산자가 개인인 경우는 거의 없었죠. 모든 사람은 무언가를 생산하기는 하지만 100% 온전한 제품을 한 사람이 생산해 내진 않았습니다. 생산은 개인이 아닌 집단이 하는 일이었으니까요. 간혹, 소설이나 음악 등을 한 사람이 생산해 내기도 하지만 그런 경우는 극히 드뭅니다. 하지만 피투피 거래에서는 개인이 생산자의 지위에 올라섭니다. 물품이나 서비스 공급의 주체가 온전히 개인입니다.

좋습니다. 그런데 문제가 있습니다. 개인과 개인의 거래에서 우린 상대방을 어떻게 믿을 수 있을까요? 거래 상대방을 신뢰할 수 없는데, 거래가 성립할 수 있을까요?

일일이 거래 상대방의 신뢰성을 확인하는 건 보통 일이 아닙니다. 이 문제가 해결되지 않는 한 개인 간 거래는 활성화되기 어렵습니다. 이 경우 누군가가 양쪽 모두의 신용을 확인해 주어야 합니다. 이른바 '신뢰 중개인'이 필요한 것이죠. 이들은 공유물 제공자의 신원을 확인하고 공유하는 물품이 그 사람의 것인지를 확인합니다. 동시에, 소비자의 결제 수단과 결제 능력을 검증합니다. 개인과 개인의 거래에서 신뢰를 보증해 주는 것이죠. 개인 간 거래나 공유경제가 가능한 이유는 이들, 신뢰 중개인이 있기 때문입니다. 신뢰 중개인은 다름 아닌 우버나 에어비앤비와 같은 서비스 운영 회사입니다. 이들 회사의 본질은 신뢰 중개인입니다.

'소유'가 아닌 '접속'의 시대

《소유의 종말》은 청소년 필독서 중 하나로 꼽힙니다.《노동의 종말》로도 유명한 제러미 리프킨(Jeremy Rifkin)의 책이죠. 리프킨은 경제학자이자 미래학자입니다. 책의 주제는 제목에 잘 나타나 있습니다. 앞으로 '소유'는 필요치 않은 '접속의 시대'가 온다는 내용입니다. 기업은 물건을 파는 게 아니라 그냥 줍니다. 이렇게 일단 고객과 관계(접속)를 맺은 다음, 서비스나 다른 영역의 접속에 대한 권리를 팔면서 고객의 시간을 장악해 나갑니다. 상상할 수 있는 모든 것이 '서비스화'됩니다.

이런 일은 현실이 되고 있습니다. 가장 대표적인 게 인터넷 포털 사이트 기업입니다. 이들은 정보를 고객에게 무상으로 제공합니다. 물건을 파는 게 아니라 공짜로 줍니다. 그런 후에 수많은 서비스를 중개합니다. 카카오 T(택시), 카카오 T 대리 등이 대표적입니다. 이들 기업은 물건을 생산하지 않습니다. 상품 제공자와 사용자를 연결해 줄 뿐입니다. 공유경제의 중개인이 되어 이익을 취하는 것이지요.

리프킨은 소유, 상품화와 함께 시작되었던 자본주의가 이제 변화 국면을 맞고 있다고 주장합니다. 사람들이 이제 소유하는 게 아니라 접속(access)할 것이라고 말이죠. 'access'라는 단어의 사전적 정의를 유심히 살펴보면 그가 말하고자 하는 바를 알 수 있습니다. '접근', '통로'라는 뜻도 있지만, '어떤 것을 사용하거나 볼 권리 또는 기회'라는 뜻도 있습니다. 'access'에는 단순히 컴퓨터나 네트워크에 접속하는 것 이상의 의미가 담겨 있습니다. 인터넷은 물론 자동차, 주택, 가전제품, 침대와 같은 다양한 물품에 대한 이용권을 포괄하고 있는 겁니다.

핵심은 '접속'이 '소유'와 다르다는 것입니다. 소유권이 아닌 일시적 이용권만을 의미하지요. 현실 세계에서 'access', 즉 이용권을 사고파는 형태의 거래는 이미 일반화되어 있습니다. 우버나 에어비앤비뿐만 아니라 수많은 제품이 'access' 형태로 팔리고 있습니다. 홈쇼핑에서는 침대 매트리스, 정수기, 심지어는 자동차의 이용권을 팝니다.

현대는 '소유'보다는 '접속'을 중요시합니다. 잘 알다시피 전통적 산업 시대는 소유의 시대였습니다. 기업은 시장점유율을 높이기 위해 애를 썼고 소비자는 소유를 당연시했습니다. 그런데 패러다임의 변화가 곳곳에서 감지됩니다. 기업은 브랜드만 갖고 공장을 '빌려' 제품을 생산합니다. 자동차 회사들도 팔기보다는 고객에게 '임대'하려 합니다. 고객은 자동차를 소유하지 않고 빌려 타다가 새 모델이

나오면 차를 바꿔 타면 됩니다.

물건이 아닌 권리를 팔다

만들면 팔리는 시대는 끝났습니다. 시장엔 너무나 많은 경쟁자가 존재합니다. 과거엔 국경 내에서의 경쟁에만 집중하면 됐지만 이제 전 세계가 경쟁의 장이 된 상황입니다. 한국 자동차 시장만 봐도 알 수 있습니다. 불과 10여 년 전만 해도 국내 기업 간 경쟁이었지만 이제는 세계적 기업 모두와 경쟁하는 상황이 되었습니다. 우리나라 도로는 이미 세계적 기업들의 각축장이 되었습니다. 전국 어디를 가도 다른 나라의 자동차 브랜드를 모두 볼 수 있습니다.

만들면 팔리는 시대가 갔으니 기업은 활로를 찾아야 합니다. 가장 좋은 방법은 고객 충성도를 끌어올리는 것이겠지요. 그 방법 중 하나가 고객과 지속적인 관계를 맺는 것입니다. 고객의 관심과 시간만 붙잡아 둘 수 있다면 그 기업의 성공은 보장된 것이나 마찬가지입니다. 대표적으로 유튜브를 보면 알 수 있습니다. 세계 최대 동영상 플랫폼인 유튜브는 한국인들이 가장 오래 사용하는 앱입니다. 특히, 10대 청소년들 사이에서 이용 시간이 가장 긴 앱이죠. 2위에서 6위까지의 앱 사용 시간을 모두 합한 것보다 유튜브 사용 시간이 깁니다. 이는 비단 한국의 상황만이 아닙니다. 유튜브는 전 세계인들의 시간과 관심을 붙잡아 두고 있습니다. 유튜브 로그인 사용자는 18억 명에 달합니다. 로그인하지 않고 동영상을 보는 사람까지 생각한다면 실제 이용자 수는 그 이상이겠죠. 2019년 유튜브의 광고 수익은 약 151억 달러(18조 원)라고 하는데요. 증권시장에 상장될 경우 그 가치는 1000억 달러에 달할 것으로 전망되기도 합니다.

유튜브처럼, 오늘날 기업 중 상당수가 물건을 '팔지' 않습니다. 그냥 줍니다. 그렇게 고객과 관계를 맺은 후에 그의 관심과 시간을 차지한 후 다른 서비스나 접속할 권리를 팝니다. 유튜브에 올라온 동영상을 보려면 광고를 봐야 하죠. 유튜브의 매출은 고객의 호주머니가 아니라 광고주들에게서 나옵니다. 고객은 기꺼이 혹은 울며 겨자 먹기 식으로 광고를 봅니다. 모두가 고객의 관심과 시간을 성공적으로 붙잡아 둔 덕분이지요. 그로 인해 유튜브는 천문학적인 성과를 올리게 됐습니다.

이제 새로운 자본주의가 탄생하고 있습니다. 물질보다는 시간이 훨씬 중요한 시대가 오고 있습니다. 시장에서 물건을 거래하는 게 아니라 이용권을 사고팝니다. 그것을 중개하는 사람들이 돈을 버는 시대입니다.

부르면 달려갑니다

'정체'란 단어는 오늘날 세계 경제를 상징합니다. 2008년 이후 세계 경제는 길을 잃었습니다. 시간은 계속 흘러가는데 큰 변화는 좀처럼 눈에 보이지 않습니다. 2020년 현재, 세계는 여전히 경기 부진이란 터널에서 빠져나오지 못하고 있습니다. 미국이 그나마 선전을 하고 있지만, 유럽, 일본 등은 침체 상황이고 중국마저 그 동력을 잃고 있습니다.

그래도 겨울은 가고 봄은 오기 마련입니다. 거시적으로 보면 답답한 흐름이나 미시적으로 보면 변화의 움직임이 나타나고 있습니다. '신(新)경제'를 일으키려는 새로운 시도들이죠. 그중에는 기존의 경제 패러다임을 완전히 바꿀 수 있는 잠재력을 지닌 것도 있습니다. 온디맨드 경제도 그중 하나입니다.

온디맨드 경제(On-Demand Economy)란?

'온디맨드 경제'가 뜨겁습니다. 하지만 이 경제에 대해서 알고 있는 사람은 거의 없습니다. 이미 우리 곁에 와 있지만 생소합니다. 대체 뭘 말하는 걸까요.

'VOD(Video On-Demand)'란 단어는 많이 들어 봤을 겁니다. '주문형 비디오'라고 번역하는데, 영화 같은 영상, 음성, 정보 등을 시청자가 원하는 시간에 전송, 재생해 주는 시스템을 말합니다. 이 서비스는 우리의 일상을 완전히 바꿔 놓았습니다. 동네마다 있던 비디오 대여점이 사라진 것도 VOD의 등장 때문입니다. 불과 몇 년 만에 일어난 일이죠.

이제 '주문형'을 뜻하는 온디맨드에 대해 감이 오기 시작할 겁니다. 온디맨드 경제란 소비자가 원할 때 상품과 서비스를 즉시 공급하는 기술, 그리고 그것을 이용한 기업들의 경제활동을 말합니다. 상품과 서비스의 공급은 디지털 네트워크망을 통해 이루어집니다.

음식 배달, 대리운전, 청소나 세탁과 같은 업종은 과거엔 오프라인 기반의 비즈니스였습니다. 그런데 앱, 웹과 만난 이 업종들이 새롭게 진화하고 있습니다. 최신 IT 기술을 이용해 주문만 하면 원하는 서비스를 바로 이용할 수 있는 경제 카테고리가 온디맨드 경제입니다.

이 신생 경제는 세계의 상업 행태를 혁명적으로 변화시키고 있으며 사업 영역도 계속해서 늘어나고 있습니다. 운송, 식료품 및 음식 배달, 가사 서비스 분야에서 특히 성장세가 두드러집니다. 이 경제가 제공하는 서비스가 기술 선도자(tech-savvy)나 얼리 어답터(early adopter)에서 더 나아가 일반 소비자에게 확산되는 것은 시간문제입니다. 그때가 되면, 90년대 말 등장한 인터넷이 세상을 바꾸었듯 경제 패러다임이 바뀔 것입니다.

물건을 사기 위해 발품을 팔던 시대는 지났습니다. 메시지, 이메일, 스마트폰 등을 통해 우리는 24시간 온라인에 연결되어 있습니다. 단순성, 즉시성, 편리성에 현대인은 열광하고 그 욕구를 온디맨드 경제가 충족시켜 줍니다.

서비스 경제는 급속히 '온디맨드화'하고 있습니다. 스마트폰 이용자 급증, 강화된 보안성과 단순해진 소비 절차, 그리고 지역 기반 서비스의 등장은 온디맨드 경제 팽창을 촉진하는 주요 요인입니다. 스마트폰 혁명은 편리함, 효율성, 단순성을 구매 결정의 주요 인자로 만들었습니다. 눈으로 보고, 손으로 만져 본 후 물건을 사는 방식, 즉 인간의 오감을 이용한 구매는 구식이 되어 버렸습니다.

스마트폰을 통한 일상적 구매는 인류의 소비 패턴을 가장 혁명적으로 변화시켰습니다. 간단하게 화면을 터치해 아무 때나 원하는 것을 살 수 있죠. 온디맨드 경제는 가장 세련된 전자상거래의 응용이라 할 수 있습니다. 과거의 소비자들은 이런 간난한 거래 방식을 경험하지 못했지만, 현 청년 세대에겐 너무 익숙한 풍경이 됐습니다. 현재 젊은 세대를 'T세대(Generation Touch)'라 합니다. 터치와 클릭에 익숙한 세대에게 온디맨드 경제는 반드시 도래할 운명입니다.

전통적 산업 형태는 단순하고 효율이며 편리한 절차에 대한 소비자의 욕망을 채워 줄 수 없습니다.

물론 이 새로운 경제 전략의 성공을 아직은 장담할 수 없습니다. 또 온디맨드 경제의 성공이 인간의 행복이나 삶의 질을 높이는 데 도움이 된다는 보장도 없습니다. 오히려 우리의 삶에 부정적인 영향을 끼칠 가능성이 큽니다. 그래도 기술은 진보하고 인간의 생활은 변화할 수밖에 없습니다. 인터넷이 세상을 바꿨듯, 이 새로운 경제 또한 그럴 것입니다. 그것이 좋은 것이든 나쁜 것이든 말입니다.

우리는 앞으로 어떻게 일할까?

온디맨드 경제가 몰고 올 미래 모습은 다방면에서 가히 혁명적일 텐데요. 지금부터 눈여겨볼 것은 고용·노동시장입니다. 구매 방식 혹은 소비 형태의 변화는 온디맨드라는 새로운 형태의 경제를 낳았습니다. 새로운 경제가 탄생했으니 일, 직업이 영향을 받을 수밖에 없겠지요. 산업혁명이 1차산업에 종사하던 사람들을 2차산업으로 끌어낸 것처럼 말입니다.

언제부턴가 '직업을 갖는다'라는 말이 특정 기업의 '종업원이 되는 것'을 의미하기 시작했습니다. 기원을 따져보면 산업혁명 시기로 거슬러 올라갑니다. 그 전까지만 해도 직업이란 특정 기업에의 소속 여부와는 상관없었습니다. 대장장이, 상인, 농민 등 직업은 있었지만 스스로 선택한 게 아니라 태어날 때부터 운명처럼 주어진 경우가 많았습니다. 영주나 왕, 귀족에 의해 정해지는 경우도 많았죠. 한데 산업혁명에 의해 탄생한 거대 기업은 노동자들을 집단화하여 한 지붕 아래서 일하게 만들었습니다. 이때부터 20세기 후반까지 직업을 갖는다는 것은 통상적으로 기업에 취직하는 것을 의미했습니다. 물론 현재도 어느 정도는 그렇습니다. 우린 일자리를 '구한다' 혹은 '얻었다'란 표현을 즐겨 쓰죠. 특정 일자리가 있는 기업이나 조직에 취직하는 것이 직업을 '갖는' 것이란 생각이 깔려 있기 때문입니다.

하지만 1970년대부터 이런 관념이 조금씩 바뀌고 있습니다. 어디에도 소속되지 않는 직업군이 늘어나고 있는 것이죠. 바로 배달 기사를 비롯한 프리랜서들입니다. 게다가 노동조합이 점차 힘을 잃어가고 있습니다. 신자유주의가 득세한 미국과 영국 등에선 노동조합을 규제하는 법률들이 속속 제정되었습니다. 한편 기업은 노무비를 엄격하게 통제했습니다. 아웃소싱, 비정규직 확대 등을 통해 인건비를 줄이기 시작했죠. 이는 컴퓨터 일반화와 통신의 발달로 더욱 가속화했습니다.

노동시장의 유연성은 점차 강화되고 있습니다. 미국의 비(非)생산직 근로자들은 개별 계약을 바탕으로 일합니다. 사용자나 근로자 중 한쪽에서 근로관계 청산을 원하면 고용계약이 해지됩니다. 한국도 예외는 아닙니다. 기업은 해고가 쉬운 비정규직을 선호합니다. 심지어 프리랜서의 노동에 의지해 기업을 운영하기도 합니다. 대리운전 회사, 배달 앱 회사 등이 이에 속합니다. '평생 고용', '평생직장'이란 개념은 이제 과거의 유물이 되었습니다. 정규직이라 해도 정년을 채우는 경우는 드뭅니다.

기업은 노동유연성을 명분으로 끊임없이 자유로운 해고를 꿈꿈니다. 노동자들 또한 평생 한 직장에서 근무하는 것을 고리타분하게 생각하는 시대가 되었습니다. 2016년에 나온 한 보고서에 따르면, 미국과 유럽 주요 국가들의 독립 노동자 수는 노동인구의 20~30%, 최대 1억 6200만 명으로 추정된다고 합니다. 독립 노동자란 직장이라는 테두리에 속하지 않고 독립적으로 일하는 근로자를 말합니다. 한국 역시 크게 다르지 않습니다. 통계청 자료를 보면 2019년 한국의 비정규직이 750만 명에 이르는데요. 이는 전체 근로자의 36%에 달하는 수입니다.

온디맨드 경제는 이런 노동 유연화로 그 세를 더욱 넓히고 있습니다. 온디맨드 경제의 핵심은 스마트폰을 가진 유휴 노동력, 혹은 프리랜서를 고용주와 '짝짓기'해 주는 중개에 있습니다. 우버 역시 프리랜서 운전자를 소비자(고용주)에게 매칭시켜 주는 서비스죠.

이런 온디맨드 모델이 만들어 낼 세상은 어떤 것일까요? 모든 사람들이 인력시장에서 고용주를 기다리는 신세가 될까요? 아니면 모든 사람이 자신의 삶을 통제하고 원할 때 하고 싶은 일을 할 수 있는 세상이 올까요? 알 수 없는 일입니다. 그러나 온디맨드 경제가 주류로 자리 잡으면 지금까지 기업에서 피고용인으로 일하던 사람들 중 일부가 개인 사업자 혹은 프리랜서 신분이 될 것입니다. 이는 대다수의 사람에겐 기회보다는 위협으로 작용할 가능성이 큽니다. 조직에 안주해 월급을 받는 신분에서 스스로 노력하지 않으면 도태되는 무한 경쟁의 장으로 내몰리기 때문입니다.

외부에서 인력을 구해 오려는 움직임은 조그만 식당과 같은 영세 업체에 국한되지 않을 겁니다. 규모가 있는 기업들도 가능하면 정규직을 줄이려 할 것입니다. 갈수록 전문화되는 온디맨드 기업을 통해 얼마든지 전문 인력을 구할 수 있기 때문입니다. 이 같은 문제가 일반화되면 어떤 일이 발생할까요? 비정규직이 폭증하고 그에 따라 소득 불평등이 심해질 겁니다.

온디맨드 경제가 고용 시장에 부정적인 영향만 주는 건 아닙니다. 노동 유연성의 가속화는 좋든 나쁘든 피할 수 없습니다. 앞으로는 컴퓨터와 로봇이 인간이 하던 일을 대체할 것이기에 자칫 많은 사람이 실업자로 남을 수 있습니다. 이때 온디맨드 경제는 훌륭한 대안이 될 수 있습니다. 실업자, 혹은 유휴 노동자와 고용주를 짝지어 주는 훌륭한 매개체가 될 수 있기 때문입니다. 다만, 교육 훈련은 점차 노동자 개인의 몫으로 남을 것입니다. 온디맨드 경제에서는 노동자를 교육하고 훈련시키는 주체가 기업이 되지 않을 것입니다. 기업은 직원을 교육하기보다는 이미 준비된 사람만을 쓰려 할 것이기 때문이죠.

온디맨드 경제에서 발전을 원하는 노동자는 철저히 자기 책임하에 능력을 길러야 합니다. 교육도 바뀌어야 합니다. 직업에 대한 개념부터 바꿔 나가야겠죠. 특정 기업에 충성하는 근로자가 훌륭하다는 사고방식은 폐기되어야 합니다. 자기 지향적, 독립적 시민을 양성하는 데 초점을 맞춰야 할 것입니다.

위기와 가능성

새로운 경제는 언제나 양날의 검입니다. 구세력 혹은 기존 산업의 피해는 불가피합니다. 온라인이 발달하면서 오프라인 기반의 산업들은 붕괴 위기에 처했습니다. 도·소매업은 물론, 동네마다 있던 문구점, 비디오 대여점의 쇠퇴를 보면 알 수 있습니다. 우버의 일반화도 기존 운수 업계에 치명타가 될 수 있습니다. 심지어 공유경제의 활성화는 자동차 구매욕을 떨어뜨려 기존 자동차 업계를 위기로 몰고 갈 수도 있겠죠. 향후 전통 산업은 변하지 않으면 도태될 것이 분명합니다.

위기는 노동자에게도 몰아치고 있습니다. 끊임없이 자기 계발을 하지 않으면 도태되는 엄혹한 세상이 오고 있죠. 이것이 바로 온디맨드 경제가 앞으로 만들어 낼 모습입니다. 그것을 원하든 원하지 않든 말입니다.

또한 정치가 이런 세상을 거들고 있습니다. 진보와 보수는 늘 노동시장 구조를 놓고 전쟁을 벌이는데, 이 전쟁의 본질은 분명합니다. 보수 진영의 목적은 노동 유연성을 높이는 것입니다. 반면 진보 진영은 고용 안정을 확보하는 것이 목표죠. 노동자에겐 유쾌하지 않은 일이지만 결론은 뻔합니다. 수많은 노동자들이 반대했지만, 노동 유연성은 끊임없이 확대되었습니다. 한마디로, 노동시장은 기업과 자본가들에게 유리한 방향으로 변화해 왔고 앞으로도 그렇게 될 가능성이 큽니다.

이런 흐름은 당분간 유지될 것입니다. 기술이 싼값에 인간을 대체하고 있기 때문입니다. 비용도 많이 들고 부리기도 골치 아픈 인간을 군이 쓸 필요가 없는 시대가 오고 있습니다. 기술이 지속적으로 인간을 노동시장에서 내쫓고 있고, 거기에 온디맨드 경제까지 부상하고 있는 겁니다. 혁명적 변화가 없는 한, 서글픈 일이지만 스스로 살길을 찾아야 하는 적자생존, 각자도생의 시대를 피할 수 없을 듯합니다.

신(新)경제는 어느 날 갑자기 출현하는 것이 아닙니다. 소비자의 욕구 변화의 결과물이죠. 신경제를 혁명이라 하지만 그 본질은 인간 욕구의 합리적 반영에 있습니다. 그리고 소비자의 욕구는 끊임없이 변합니다. 과거에 안주해서는 속도가 생명인 세계에서 생존할 수 없습니다.

경제 구조의 틀 자체가 바뀌고 있습니다. 이에 따라 전통 산업과 새로운 산업 사이의 갈등은 날로 치열해질 것입니다. 노동시장 구조 역시 빠르게 변할 겁니다. 그럼에도 인간 욕구를 충실히 반영한 신경제, 특히 공유경제는 날로 그 세를 넓혀갈 것입니다.

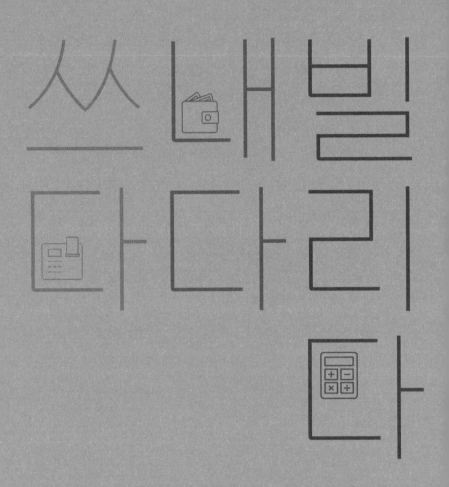

2부

벌다

make money

make
money

경제 행위의 기본은 가능한 적은 힘을 들여 큰 이익을 얻는 것입니다. 물건을 살 때는 최대한 적은 돈으로 큰 만족감을 얻으려 하고, 상품을 만들 때는 가능하면 적은 돈으로 경쟁력 있는 제품으로 만들길 바라죠. 돈을 벌 때도 마찬가지입니다. 가능하면 힘은 적게 들이면서 돈은 많이 받길 원합니다.

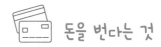 돈을 번다는 것

물건을 살 때 가능하면 적은 돈으로 큰 만족감을 줄 수 있는 상품을 사려 하는 것처럼 우리는 돈을 벌 때도 가능하면 적은 힘을 들여 많은 돈을 벌려 합니다. 가격을 비교하며 싼 제품을 찾는 것과 힘이 덜 들고 돈을 많이 주는 일자리를 찾는 것은 같은 맥락입니다. 사람이라면 누구나 최소한의 노력이나 비용으로 최대의 만족을 얻고자 하죠.

이런 의미에서 인간은 '경제적 동물'입니다. 그가 누구든 어떤 신분이든 살아 있다면 경제 행위를 할 수밖에 없습니다. 그런데, 경제 행위는 누구나 할 수 있지만 경제 능력을 누구나 갖고 있는 건 아닙니다. 경제 능력이란 '벌 수 있는 능력'을 뜻합니다. 어린아이나 학생 대부분은 경제 능력이 없습니다. 노숙자도 마찬가지입니다.

경제 능력을 갖추려면 뭔가를 생산해야 합니다. 생산해 내야 소득이 발생하니까요. 고소득자는 많이 팔리거나 매우 비싼 값에 팔 수 있는 것을 생산하는 사람입니다. 아무나 흉내 낼 수 없는 고도의 기술이나 생산 능력을 가진 사람이라면 소득 또한 높을 수밖에 없습니다. 여기서 '생산물'이란 꼭 형체가 있는 '물건'만을 의미하는 것이 아닙니다. 무형의 서비스 또한 생산물로 볼 수 있습니다. 연예인과 프로 운동선수들의 소득이 높은 건 대중적인 인기 때문인데요. 수많은 사람을 만족시키는 가치를 생산해 내기 때문입니다. 노래나 연기, 멋진 골 역시 생산물로 볼 수 있습니다. 고도의 기술과 지식을 가진 전문 연구원의 연봉이 높은 것은 그들이 아무나 가질 수 없는 생산 능력을 보유하고 있기 때문입니다.

용돈도 소득일까?

일반적으로 '소득'이란 경제 활동 혹은 생산 활동의 대가로 얻는 돈을 말합니다. 소득의 종류는 다양한데요. 우리에게 가장 익숙한 것이 '근로소득'일 것입니다. 누군가에게 고용되어 일을 하고 받는 돈을 말하죠. '사업소득'은 자신이 공장, 회사, 가게 등을 운영하거나 농사나 어업 등을 해서 얻는 돈입니다. 재산을 통해 얻는 소득도 있습니다. 은행에 예금하면 이자를 받고, 주식에 투자한 사람이라면 배당을 받습니다. 건물주라면 임대료를 받게 됩니다. 이처럼 소유 재산을 활용해 얻는 소득을 '재산소득'이라 합니다.

그렇다면 경제나 생산 활동에 종사하지 않으면 소득은 발생하지 않는 걸까요? 꼭 그런 것은 아닙니다. 누군가가 대가 없이 주는 돈도 소득입니다. 국가에서는 만 65세 이상이면서 소득 하위 40%에 속하는 노인들에게 기초연금을 주고 있습니다. 기초 생활 수급자에 겐 생활비를 주고 있지요. 이런 돈은 그 돈을 받는 사람이 생산에 직접 참여하지 않아도 얻는 돈입니다. 이를 '이전소득'이라 합니다.

결국 넓은 의미에서 소득이란, 사전적 정의와는 조금 다르게, '어 떤 형태로든 얻은 돈'을 뜻합니다. 그것이 생산 활동의 결과물이든 정부가 무상으로 지급한 것이든, 얻게 된 모든 돈을 사실상 '소득'으 로 취급하는 것이죠.

이 기준에 따르면 부모가 자식에게 주는 용돈 역시 소득입니다. 무상으로 주는 돈이라도 말이죠. 청소년들에겐 생산 능력이 없으니 당연한 일입니다. 법률상 만 15세 미만 아동은 육체적 능력이 있더 라도 근로 행위를 할 수 없습니다. 간혹, 어린 나이에 돈을 버는 경 우가 있기는 합니다. 나이가 어려도 연예 활동을 하거나 유튜버로 유명해진다면 상당한 돈을 벌 수 있습니다. 하지만 알다시피 극히 드문 경우입니다. 아동, 청소년의 대다수가 생산 활동을 못 하기 때 문에 부모를 비롯한 다른 사람들에게 의지하여 돈을 받고 생활할 수밖에 없습니다. 주 소득원이 용돈인 것입니다.

금수저와 흙수저

금수저와 흙수저. 이제는 너무나도 익숙한 단어입니다. 금수저는 부모의 재력 덕분에 별다른 노력과 고생을 하지 않고도 풍족함을 즐기는 자녀들을 지칭합니다. 반대로 가난한 집안 자녀를 흙수저라고 하죠. 흙수저에 해당하는 아이들은 부모의 뒷받침이 없는 열악한 환경에서 살게 되고 그만큼 기회를 얻지 못합니다.

안타깝게도, 금수저와 흙수저란 단어의 일반화는 계급사회가 심화되고 있음을 알려 주는 하나의 상징입니다. 부모의 재력과 직업 혹은 계층이 그대로 자녀에게 대물림되는 사회가 되어 가는 것이죠. 슬프게도 이것이 현실입니다. 강남의 부유층 자제들은 좋은 환경에서 값비싼 교육을 받기 때문에 좋은 대학에 갈 확률이 높습니다. 대학에 가서도 학비나 생활비 부담이 없으니 자기 계발에 투지할 시간도 더 많죠. 스펙을 쌓기에 유리한 환경이니 졸업 후 돈을 많이 버는 직업을 가질 확률도 자연스레 높아집니다.

반면 중산층 이하 가정의 자녀들은 생활비 부담에 값비싼 교육을 받지 못하며 대학에 가서도 언제나 경제적인 부담을 안고 있을 수밖에 없습니다. 부유한 집안에서 자란 이들과는 반대로 자연스레 돈을 많이 버는 직업을 가질 확률도 낮아지게 됩니다. 결국 이렇게 양극화가 심화되는 것이죠.

2009년엔 상위 1%의 부자가 전 세계 부의 44%를 차지하고 있었습니다. 2014년 이 비중은 48%, 2016년에는 50%로 늘어납니다. 2030년이 되면 64%를 독식할 거란 전망도 있습니다. 한국도 별반 다르지 않습니다. 2016년 상위 1%의 소득 집중도는 12.2%였지만 상위 10%의 소득 집중도는 43.3%에 달했습니다. 소득 집중도란 전체 소득 가운데 해당 계층의 소득이 차지하는 비중을 말하는데요. 상위 10%의 소득이 전체 소득의 43.3%, 거의 절반을 차지한다는 얘기입니다. 세계 불평등 데이터베이스에 따르면, 이는 OECD와 G20 주요 국가 중 9위에 해당하는 수치입니다. 한국의 소득 불평등이 그만큼 심하다는 얘기입니다.

'성장'이냐 '분배'냐, 그것이 문제로다

"피자 좀 큰 거 시키지. 나누면 한 조각이 너무 작아지잖아."
"맞아. 피자가 커야 한 사람이 먹을 수 있는 양도 늘어나지."

경제 규모를 키우면, 즉 파이를 늘리면 나눌 수 있는 것이 많아진다는 논리를 펴는 사람들이 있습니다. 불평등은 경제 전체의 성장을 통해 얼마든지 완화할 수 있다는 주장이죠. 일리는 있습니다. 파이가 커져야 나눌 수 있는 조각도 늘어나는 것은 확실하니까요. 다만 이상한 점이 있습니다. 한국은 수십 년 동안 고도성장하여 선진국 대열에 합류하였습니다. 그런데 왜 부의 불평등이 덩달아 심화되고 있는 걸까요?

파이가 아무리 커져도 소수의 사람이 더 많이 가져가면 나머지 사람은 가져갈 수 있는 몫이 줄어듭니다. 그렇습니다. 고도성장을 이뤘지만 소수의 사람이 그 혜택을 독점한 것입니다. '성장을 통한 불평등 해소'는 공정한 분배가 없다면 헛소리에 불과합니다.

성장 자체가 불평등을 유발하는 건 아닙니다. 다만 높은 성장을 한다 해서 불평등이 해소되는 건 아니라는 말입니다. 아버지의 급여가 400만 원에서 800만 원으로 늘어나면 가정은 그만큼 풍족해집니다. 단, 전제 조건이 있습니다. 아버지가 늘어난 소득을 가정 내에 골고루 분배해야만 하죠. 만약 아버지가 늘어난 급여 400만 원을 자신만을 위해 쓴다면 아버지 혼자만 풍족해질 뿐 나머지 가족들은 이전과 차이가 없게 됩니다. 핵심은 성장의 과실을 어떻게 나눌 것인가입니다. 불평등의 해결책은 분배입니다.

"자본수익률은 경제성장률보다 영원히 높을 것이다. 인류 역사에서 늘 그래 왔고 앞으로도 그럴 것이다." 이것은 《21세기 자본》을 쓴 토마 피케티(Thomas Piketty)의 주장입니다. 대체 무슨 말일까요. 피케티의 분석에 따르면, 자본수익률은 역사적으로 항상 4~5%를 유지해 왔습니다. 다시 말해 자본을 보유한 자본가들은 어떤 상황에서도 평균적으로 매년 4~5% 수익을 냈다는 얘기입니다. 반면, 경제성장률은 이보다 낮고, 또 지속적으로 낮아지는 추세죠. 한국만 해도 2019년 경제성장률이 2% 정도입니다.

2008년 금융 위기로 인해 저성장이 자본주의 사회의 새로운 표준이 됐습니다. 금융 위기로부터 10년 이상이 지났지만 세계는 여전히 저성장의 늪에서 빠져나오지 못하고 있습니다. 성장률이 낮아지면 임금이 낮아지고 일자리가 줄어듭니다. 노동 소득이 낮아지는 건 불가피한 일이죠.

자본수익률이 경제성장률보다 높다는 건 자본가들의 성장세가 근로소득자의 성장세보다 크다는 것과, 앞으로 그 차이가 더 벌어진다는 것을 의미합니다. 돈이 돈을 버는 게 어제오늘의 일은 아닙니다. 다만 그 속도가 점점 빨라지고 있다는 게 문제입니다. 자본소득 증가율이 근로소득 증가율을 웃도는 한 빈익빈 부익부 현상이 심해질 수밖에 없는 겁니다.

부자들의 재산이 그 자식들에게 그대로 넘어가고 있다는 게 문제입니다. 금융 위기가 발생한 2008년 이후 2016년까지 18세 이하 미성년자 4만 6542명이 총 5조 2473억 원을 증여받았습니다. 1인당 평균 1억 1274만 원에 달합니다. 서민들이 금융 위기의 직격탄을 받아 고생하고 있는 시기였지만 부자들은 엄청난 재산을 자식들에게 그냥 넘겨줄 수 있었죠. 수많은 청년이 학자금 대출 등 빚에 신음하고 있는 한편 다른 쪽에선 금수저들의 세습이 판을 치고 있는 겁니다.

'개천에서 용 난다.'라는 말은 속담일 뿐입니다. 애초에 뒤에서 출발한 사람이 경주에서 이길 확률은 높지 않습니다. 100m 달리기를 하는데 누군 50m 앞에서 출발한다면 그를 이길 사람은 거의 없겠죠. 불평등의 심화, 부의 세습은 자본주의의 모순입니다.

문제는 이를 바로잡지 않는다면 자본주의 체제 자체가 안전하지 않다는 데 있습니다. 다수가 가난한 상황이라면 자본주의는 지속 불가능합니다. 생산 수단을 보유한 자본가가 만들어 낸 상품을 사 줄 주체가 사라지기 때문이죠. 결국 오늘의 경제학이 해야 할 일은 '건강한 분배'에 관한 탐구여야 합니다. 마땅히 그래야 할 것입니다.

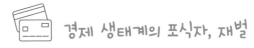

경제 생태계의 포식자, 재벌

우린 '재벌'이란 말을 일상적으로 씁니다. 하지만 정확한 의미는 잘 모른 채 그저 '어마어마한 돈을 가진 사람과 그 가족들'을 일컫는 말로 사용하고 있죠. 표준국어대사전은 '재벌'을 '재계에서, 여러 개의 기업을 거느리며 막강한 재력과 거대한 자본을 가지고 있는 자본가·기업가의 무리'로 정의하고 있습니다.

재벌은 영어로도 '재벌(Chaebol)'입니다. 한국에서 비롯된 개념이자 한국에 특수하게 존재하는 집단을 일컫는 말이라는 뜻입니다. '재벌'의 한자 표기는 '財閥'입니다. 여기서 '財'는 '재물'을 뜻하며 '閥'은 '집안'이나 '조직'을 말합니다. '군벌'이나 '족벌' 또는 '파벌'이란 단어에 쓰이는 그 '벌'이죠. 따라서 재벌이란 '돈 있는 집안'이란 뜻입니다.

눈치채셨겠지만 군벌, 족벌, 파벌 모두 부정적인 의미를 담고 있는 단어입니다. 혈연, 지연, 학연 등으로 뭉쳐 자신들의 이익을 위해 타인을 배척한다는 뉘앙스를 풍기죠. 재벌 역시 마찬가지입니다. 재벌은 혈연 등으로 뭉친, 거대 자본을 가진 무리입니다. 따라서 천문학적인 부를 가졌다는 이유만으로 재벌이라고 부르는 것은 잘못된 것입니다. 엄청난 돈이 있어도 혈연 관계의 인물들이 해당 기업이나 기업군을 지배하지 않는다면 재벌이 아닌 겁니다.

재벌 가문은 서로 다른 복수의 기업 집단을 운영합니다. 간단히 말해, 문어발식 확장으로 기업의 규모를 키우고 이들 기업군을 가족들이 나눠 운영하는 것이죠. 일본이나 미국 등에는 한국의 기업보다 규모가 큰 대기업 집단이 많습니다. 하지만 이들을 재벌이라 부르지는 않는 이유는 경영진이 혈연으로 묶인 것이 아니거나 무차별적 다각화 현상을 보이지 않기 때문입니다. 예를 들어, 도요타는 산하 기업이 많은 대표적인 일본의 기업 집단인데요. 대부분 자동차 업종에 관련된 자회사이기 때문에 한국의 재벌과는 다릅니다. 미국의 GE는 다업종에 걸친 대기업이지만 특정 가문이 경영하는 것이 아니기 때문에 이 또한 재벌이라고 할 수 없습니다.

재벌은 왜 문제가 되는 걸까?

한국의 재벌은 원죄를 안고 있다 해도 과언이 아닙니다. 한국의 초기 자본 축적은 다음 세 부류에 의해 이뤄졌습니다. 일제강점기 일제에 빌붙어 막대한 부를 축적한 친일파, 해방 후 미군정 체제나 이승만 정권과의 정경유착을 통해 독점적 사업을 보장받았던 사람들, 마지막으로 박정희와 전두환이 정권을 잡았던 군부 독재 시절 정경

유착을 통해 이권을 챙긴 사람들이 바로 그들입니다. 오늘날 한국 경제를 이끄는 재벌 대부분은 이렇게 성장한 회사들입니다.

사실 이들이 어떤 과정을 거쳐 재벌이 됐는지는 현재로선 그리 중요하지 않을 수도 있습니다. 어쨌든 재벌 기업들은 오늘의 대한민국 경제를 책임지고 있는 귀중한 우리의 자산이기 때문입니다. 1인당 국민소득 3만 달러라는 성과도 현재의 재벌 기업들이 없었다면 달성할 수 없었을 것입니다. 한국은 6·25전쟁 이후 불과 수십 년 만에 선진국 반열에 올랐습니다. 그들은 이 놀라운 경제성장의 주역입니다. 이 시기 한국을 먹여 살렸다 해도 과언이 아니죠.

그럼에도 이들을 향한 비판이 줄을 잇는 이유는 뭘까요? 이들이 만들어 낸 사회적 폐해가 너무 심하기 때문입니다. 가장 큰 문제는 부의 대물림입니다. 부를 정상적인 방식으로 대물림한다면 문제가 안 됩니다. 합법적인 절차를 따른다면 말입니다. 그런데 한국의 재벌들은 불법적인 방법과 탈법 행위를 통해 부를 대물림하고 있습니다. 가령, 수익 전망이 밝은 사업 아이템을 선정해 회사를 설립합니다. 그 주식을 2세나 3세에게 싸게 넘깁니다. 이후 계열사들이 대거 일감을 몰아줍니다. 회사의 매출과 수익은 폭발적으로 늘어납니다. 회사 가치가 커질수록 2세, 3세의 재산도 늘어납니다. 이것이 전형적인 부의 대물림 방식입니다.

얼핏 보면 문제없는 행위로 보일 수 있습니다. 어떤 이들은 자기 재산을 자식에게 물려주는 게 왜 문제가 되는지 모르겠다고 반문하기도 합니다. 우리는 여기서 생각해 봐야 합니다. 과연 재벌이 총수로 있는 기업은 그 총수 것일까요? 한 자릿수에 불과한 지분을 가진 사람이 주인 행세를 해도 될까요? 기업은 그 덩치가 커질수록 개인의 손에서 벗어납니다. 기업이 성장하기까지 피땀 흘려 일한 수많은 노동자, 소중한 돈을 투자한 소액 주주, 그 기업에 돈을 빌려준 금융기관, 제품을 산 소비자, 지역사회와 국가의 도움이 있었습니다. 기업의 덩치가 커질수록 그것이 한 사람, 특정 가문의 소유물일 수 없는 이유입니다.

그럼에도 많은 재벌 총수들이 계열사의 자산을 자신의 쌈짓돈 정도로 여깁니다. 매년 천문학적인 보수와 배당을 받는 것도 모자라 편법을 써 회삿돈을 본인의 돈처럼 씁니다. 심지어 자신의 집을 고치고 꾸미는 일까지 회삿돈으로 하는 총수들도 있습니다. 그런데 기업이 아무리 많은 돈을 갖고 있더라도 그 돈은 특정인의 것이 아닙니다.

기업은 대부분 법인입니다. 법률상 권리와 의무의 주체가 될 수 있는 두 존재가 있는데요. 바로 자연인과 법인입니다. 자연인은 사람을 말합니다. 사람으로 태어났으면 권리와 의무의 주체가 됩니다. 권리와 의무의 또 다른 주체인 법인은, 말 그대로 법에 의해 인격을 부여받은 주체를 말합니다. 사람들이 모여 일정한 목적을 갖고 만든 조직에 법으로 인격을 부여한 것이죠. 법인의 대표적인 예가 회사입니다. 법인이라면 회삿돈은 개인의 돈이 아닌 법인의 돈입니다. 그러니 회삿돈을 마치 자신의 돈인 양 마음대로 쓰면 안 되는 것입니다. 그런데 총수들은 그런 돈을 자신의 자식들에게 물려주는 것입니다.

기업은 그 자체가 살아 있는 유기체이며 개인이나 특정 가문의 소유물이 아닙니다. 총수 일가가 낮은 지분으로 계열사 전체를 지배하면서 소유 구조의 왜곡을 초래하고 주주나 노동자의 이익보다는 총수 일가의 이익을 우선시하게 되면 기업의 건강 정도는 추락할 수밖에 없습니다. 연구, 개발, 투자, 복지, 배당 등에 쓰여야 할 기업의 소중한 자산이 누군가의 배를 채우기 위해 빼돌려지는 순간 기업의 체력은 급격히 약화됩니다.

실제로 우린 재벌 일가의 서툰 경영과 횡령, 배임 등으로 거대 기업이 무너지는 경우를 가끔 봅니다. 그런데 그 피해는 엉뚱한 사람들에게 가고 정작 기업을 무너뜨린 재벌 일가는 떵떵거리며 살죠. 소액 주주들의 주식은 거래가 정지돼 휴지가 되고 수많은 노동자는 일자리를 잃습니다. 경제가 나빠지니 국민 전체가 손해를 보게 됩니다. 이들 재벌 일가가 망가뜨린 기업을 살리기 위해 국민의 혈세가 투입되기도 합니다. 기업의 이익은 극소수 재벌 일가가 독차지하고 그 피해는 수많은 사람이 떠안게 되는 구조입니다.

재벌 체제로 인한 폐해는 이뿐만이 아닙니다. 재벌은 한국의 건전한 성장을 방해하는 요소로도 작용합니다. OECD가 2018년 6월 20일 〈2018 OECD 한국경제보고서〉를 발표했습니다. 우리가 주목할 것은 재벌이 한국 경제에 미치는 영향력과 폐해를 분석한 내용입니다. OECD는 재벌이 성장 동력을 약화시킨다고 합니다. 즉, 재벌이 건전한 기업가 정신을 해치고 있고 창업 기업의 발전을 가로 막고 있다는 것입니다. 불공정 거래 관행을 초래해 경쟁과 효율성을 저해하고 있다고도 밝혔습니다.

위 보고서에 따르면, 한국의 재벌은 제조업 출하의 3분의 2, 서비스 매출의 4분의 1을 독차지하고 있습니다. 사실상, 한국 경제를 거의 과점하고 있다고 해도 과언이 아니죠. 이런 상황에서 개인이 창업한다는 것은 쉽지 않은 일입니다. 창업하여 어느 정도 기업을 키워 놓으면 재벌 기업의 먹잇감이 되거나 하청 업체로 전락하기 십상입니다. 무엇보다 경제 전 분야에 걸쳐 문어발식으로 확장하고 있는 재벌 기업으로 인해 이제 막 창업한 사람들이 재벌들과 경쟁해야 하는 처지입니다. 하다못해, 음식점 하나를 창업하더라도 재벌 소유의 외식 프랜차이즈 업체와 경쟁해야 하는 것이죠. 이런 현실에서 작은 기업들이 살아남아 어느 정도 규모를 키우는 것은 하늘의 별 따기보다 어렵다고 할 수 있습니다.

현재의 재벌들이 경제성장 과정에서 핵심적인 역할을 수행한 건 사실입니다. 다만 여전히 그 소수의 사람들이 한국 경제를 주무르고 있는 상황이기에, 구조 개혁을 등한시하고 재벌 체제를 유지하는 건 암 덩어리를 수술하지 않고 그대로 둔다는 것과 다름없습니다. 한국의 재벌은 '자원의 효율적 배분'이란 경제 원칙을 정면으로 부성합니다. 블랙홀처럼 빨아들이기만 하니 결국 경제의 건전한 성장을 저해합니다. 사회 정의와 부의 불평등 해소만이 아니라 한국 경제의 지속적인 성장을 담보하기 위해선 더는 재벌 개혁을 미뤄선 안 되는 상황입니다.

 **21세기 버블, 가상화폐**

"영택아! 너 아직도 가상화폐에 투자하니?"

"뭔 소리야, 깡통 찬 지가 언제데. 그쪽은 쳐다보지도 않는다."

2017년, 비트코인에서 출발한 가상화폐 광풍이 대한민국을 휩쓸었습니다. 사실, 비트코인의 기반이 되는 블록체인 기술을 일반인이 이해하는 건 쉽지 않습니다. 그러나 당시 자고 일어나면 몇 배씩 뛰는 비트코인은 쌈짓돈까지 끌어모아 투자해야 하는, '황금 알을 낳는 거위'로 인식됐습니다. 비트코인 투자는 부자가 되는 지름길이었죠. 많은 사람들이 실체가 보이지도 않는 가상화폐를 사려 적금을 깨고 대출을 받았습니다. 말 그대로 광풍이었습니다. 어떻게든 부자가 되고 싶은 사람이 그만큼 많다는 얘기입니다.

인류 역사엔 이렇게 기이한 일들이 종종 발생하는데요. '튤립버블'도 그중 하나입니다. 17세기 유럽에 전해진 튤립은 네덜란드에서 선풍적인 인기를 끌었습니다. 귀족과 식물 애호가들 사이에서 관상용으로 비싼 값에 거래가 되자, 튤립이 돈이 된다는 소문을 들은 사람들이 몰려들었습니다. 그러자 단기간에 재배하기 어려운 튤립은 곧 품귀 현상을 보이게 됩니다. 가격 오름세는 또다시 가격 상승으로 이어지기 마련입니다. '돈이 된다'는 소문만큼 빠른 게 없습니다. 이로써 튤립은 관상용 상품에서 투기 상품이 됩니다. 당시 고급 품종 튤립 한 뿌리의 가격이 집 한 채와 맞먹었습니다. 튤립 가격은 한 달에 50만 배나 뛰었습니다. 상식에 반하는 현상입니다. 식물 뿌리는 얼마든지 증식 가능합니다. 이론적으로 거의 무한대로 생산할 수 있죠. 조금만 생각해 보면 가격이 오를 이유가 없다는 걸 알게 됩니다. 그런데도 우린 종종 이상한 열기에 휩싸일 때가 있습니다.

광기의 원인

진화생물학자들은 인간의 뇌는 생각보다 느리게 진화한다고 주장합니다. 인류가 수렵, 채집하던 시기엔 무리에서 멀어진다는 것은 곧 죽음을 뜻했습니다. 야생동물에게 습격을 당했을 때 혼자 대처하는 것은 불가능했기 때문입니다. 인류는 문화적 혁신을 통해 진화해 왔지만 의외로 뇌는 먼 과거의 기억에 매몰되어 있습니다. 남들이 하면 나도 해야 한다는 군중심리는 오늘날까지 인류를 지배하고 있습니다. 뇌에 새겨진 무리에 섞이고자 하는 욕구는 생각보다 강합니다. 다수를 따르지 않으면 도태될 것 같은 두려움이 우리를 지배하는 순간 이성은 작동을 멈춥니다. 이것이 바로 말도 되지 않는 '버블'이 인류 역사에 심심찮게 목격되는 이유입니다.

버블은 소수의 승리자가 존재하기 때문에 생깁니다. 모든 버블의 선두에는 그것을 만들어 낸 사람들이 존재합니다. 이들은 당연히 막대한 부를 챙깁니다. 문제는 이들이 얻은 천문학적 부를 모든 사람이 얻는 게 아니라는 데 있습니다. 뒤를 따르던 대다수의 사람은 막대한 피해를 보게 됩니다. 버블은 인공물입니다. 사람이 만들어 낸 것이기 때문에 언제나 그 끝이 있기 마련입니다. 소수의 사람이 이득을 챙기고 떠나는 순간 버블은 붕괴합니다. 내재된 가치를 넘어선 가격에 팔리는 상품은 언젠가 폭락할 수밖에 없습니다. 그게 상식이자 역사의 교훈입니다.

가상화폐 역시 다르지 않았습니다. 광풍이 몰아친 지 벌써 수년이 흘렀습니다. 가상화폐의 대표주자인 비트코인은 예전만큼은 아니지만 여전히 높은 가격을 유지하고 있어서, 2020년 9월 현재 약 1200만 원 선에 거래되고 있습니다. 하지만 다른 가상화폐의 현실은 참담합니다. 그동안 수많은 가상화폐가 시장에서 사라졌습니다. 그나마 살아남아 거래되는 가상화폐들은 겨우 명맥만 유지하고 있을 뿐입니다.

'황금 알을 낳는 거위'는 없다

가상화폐 거래자들이 착각하는 게 있습니다. 원할 때 언제든 실제 돈으로 바꿀 수 있다고 생각합니다. 정말 그럴까요. 모든 투자는 매도를 전제로 이루어집니다. 팔아야 돈이 되는 것이죠. 그런데 어떤 이유에서 갑자기 다수가 그것을 팔려 하면 어떻게 될까요? 가상화폐든 주식이든 부동산이든 그 시장에 참여했던 사람 대부분이 팔려고 하는 순간 가치는 급락합니다. 실제 돈으로 쉽게 바꿀 수 없습니다. 팔리지 않기 때문입니다. 특히, 부동산이나 주식과는 달리 가상화폐의 가치는 제로에 근접할 수밖에 없습니다. 가상화폐 가치는 누구도 장담하지 못합니다.

기초가 허약한 자산은 언젠간 붕괴합니다. 그럼에도 군중심리에 매몰된 사람들은 가격 폭등을 낭언시합니다. 성승세가 영원할 기리고 생각하며 투자를 합리화합니다. 이런 대중의 심리를 악용하는 자들이 있습니다. 가상화폐를 빙자한 사기는 광풍이 사라진 지금도 여전합니다. 2019년 2월, 경찰은 경북 영천에 있는 1000만 톤의 금광을 개발한다며 가상화폐 투자금을 모집한 회사의 대표이사와 직원을 사기 혐의로 조사 중이라고 발표했습니다. 피해자는 2018년 10월 한 달간 388명, 피해액은 10억 원에 달했습니다.

먼저 짚고 넘어가야 할 것이 있습니다. 절대 사기당한 사람들을 비웃어선 안 된다는 것입니다. 우리 모두는 결코 사기에서 자유로울 수 없습니다. 사기꾼들은 우리의 욕망을 교묘하게 자극한다는 것을 꼭 기억해 두길 바랍니다.

우리나라 금 매장량은 44톤 정도로 추정됩니다. 아무리 금 매장량이 많은 국가라도 1만 톤을 넘진 않습니다. 1000만 톤의 금이 매장되어 있는 금광이 발견됐다면 이는 경천동지할 일이며 전 세계 언론이 주목할 만한 사건입니다. 그런데도 이런 허무맹랑한 얘기에 많은 사람이 선뜻 돈을 투자합니다. 여기에는 이유가 있습니다. 첫째는 친구 따라 강남 간다는 생각에서지요. 무리를 따르면 우리는 편안해집니다. 남들이 하는 대로 행동하는 것은 심리적 안정을 줍니다. 또 있습니다. 사기라는 걸 알지만 자신만 피해를 보지 않으면 된다는 이기심 때문입니다. 보통 이런 사기는 다단계 형식으로 진행되는데, 사람을 끌어모아 투자를 하게 만들면 본인은 투자 원금보다 더 큰 돈을 벌 수 있을 것이라고 생각하게 되는 겁니다. 이 정도면 사기를 당한 게 아니라 미필적 공범이 되는 거지요.

미끼를 물면 안 돼!

사기꾼이 아무리 교묘하게 욕망을 부채질한다 해도 실체가 불분명한 시장에 현혹돼서는 안 됩니다. 발이 느린 사람이라면 더욱 그렇습니다. 다수가 가는 길이 항상 옳은 것은 아닙니다.

투자에 앞서 우리가 생각해야 할 것은 '원금 보장'과 '손실'의 가능성입니다. 보통 위험한 투자일수록 손실의 가능성이 크기 마련입니다. 원금이 보장되는 안전한 상품은 수익률이 낮습니다. 누가 고수익을 싫어하겠습니까? 고수익에 눈이 멀면 손실의 가능성을 외면하게 됩니다. 반드시 기억해야 할 것은, 모든 것을 일순간에 잃을 수 있는 위험천만한 투자는 신중히 결정해야 한다는 겁니다. 아무리 기대 수익이 커도 그렇습니다.

누군가 '황금 알을 낳는 거위'를 갖고 있거나 알고 있다면 절대로 다른 이에게 소문을 내지 않을 겁니다. 나만 알고 있다면 온전히 혼자 차지할 수 있으므로 구태여 소문을 내서 타인에게 나눠 줄 필요가 없기 때문입니다. 이 세상에 위험 부담이 없는 고수익 투자는 존재하지 않습니다. 누군가가 고수익을 보장하며 투자를 청하면 속으로 되뇌어야 할 금언이 있습니다. "그렇게 좋으면 너나 해라." 달콤한 제안은 독을 품고 있습니다.

신용 불량의 늪에 빠진 20대가 적지 않습니다. 다른 부채에 비해 청년 부채는 그 대출의 질이 나쁜 경우가 많기 때문입니다. 청년들은 상환 능력이 떨어지고 신용 등급이 낮기 때문에 은행 문턱을 넘어 대출을 받는 게 쉽지 않습니다. 그러다 보니 캐피탈, 카드사 등 2금융권으로 떠밀려 고금리 대출을 받게 되고, 그 빚을 갚기 위해 다시 대부 업체를 이용하는 경우도 다반사입니다. 부채는 늘어만 가고 마침내 감당하지 못해 파산 신청을 하는 20대가 늘고 있습니다. 대법원에 따르면 20대 개인 파산 신청 건수는 2015년 691건에서 2017년 724건, 2018년 811건으로 해마다 증가하는 추세라 합니다.

금융 교육을 제대로 받지 못한 청년들은 대개 신용 등급 하락이나 파산을 별거 아닌 것으로 치부하는 경향이 있습니다. 그러나 절대 그렇지 않습니다. 현대를 '신용 사회'라 부릅니다. 그만한 이유가 있습니다. 자본주의는 신용에 따라 철저하게 사람을 구분합니다. 신용 등급이 낮은 사람이나 파산자는 정상적인 경제생활을 할 수 없습니다. 은행 등 안전한 금융기관을 통해 정상적인 거래를 할 수 없을 뿐만 아니라 자격 취득이나 취업 등에서 불이익을 받습니다. 신용이 추락하는 순간 미래를 장담할 수 없게 되는 것이죠.

생존을 위한 금융 공부

'금융 문맹'이란 용어를 들어 본 적 있나요? 금융에 대한 기초적인 상식이 부족한 상태를 말합니다. 사실 선진국에서는 금융 교육을 의무화하고 있습니다. 미국, 영국, 호주 등에서는 '급여는 뭘까, 급여를 받으면 어떻게 해야 할까?' 같은 질문을 주고 그 답을 찾아가는 방식으로 교육한다고 합니다. 수업 시간에 '돈'과 '노동'을 공부하고, 이 주제로 토론하기도 합니다. 선진국에서는 이처럼 금융 교육 기관이 학교를 찾아 학생들 눈높이에 맞춰 돈을 어떻게 써야 하는지, 저축은 어떻게 해야 하는지 등 금융 지식을 가르칩니다. 영국의 초등학교에선 금융이 선택과목이고 중·고등학교 과정에서는 필수 과목이라고 합니다.

2008년의 금융 위기는 금융 교육의 필요성을 더욱 높였습니다. 금융을 제대로 모르는 금융 문맹 사회에서, 신용 불량자와 빈곤이 양산된다는 것을 깨달은 것이죠. 빈곤은 사회 안전망과 복지를 강화한다고 해서 완전히 해결되지 않습니다. 그래서 어릴 때부터 금융 교육을 받는 것이 중요합니다. 앨런 그린스펀 전 미국 연방준비제도(중앙은행) 의장은 다음과 같은 말로 금융 교육의 중요성을 피력

했습니다. "문맹은 생활을 불편하게 하지만 금융 문맹은 생존을 불가능하게 한다."

미국, 캐나다, 영국 등은 금융 교육을 의무화하고 있습니다. 미국은 50개 주가 표준 교육과정에 경제 교육을 포함했습니다. 교육과정은 매우 실용적으로 구성됩니다. 은행 계좌 활용, 신용 등급 관리 등 실생활에 필요한 금융 지식을 중심으로 교육이 이뤄집니다. 학교 내에 은행을 설치하고 학생이 직접 운영하도록 하는 등 다양한 체험 프로그램도 갖췄습니다. 학교만이 아닙니다. 금융 교육은 평생 교육의 일환으로도 진행되고 있습니다. 호주에서는 취업, 출산, 실업, 이혼 등 생애주기에 따른 금융 교육을 언제든 받을 수 있습니다.

한국의 문맹률은 세계 최저 수준입니다. 교육열은 세계 최고로 높습니다. 자랑스러운 일이죠. 그런데 이상하게도 금융 문맹 정도는 심각합니다. 한국도 2002년 신용카드 사태를 겪으면서 금융 교육이 강화되긴 했습니다. 금융감독원은 2015년부터 70여 개 금융회사와 학교를 연결해 주는 '1사 1교 금융 교육'을 시작해 2017년 말까지 1만 2000여 차례에 걸쳐 105만 명을 교육했습니다. 현재도 금융감독원 금융교육센터에서는 학생은 물론 성인들에게도 온라인 금융 교육 서비스를 제공하고 있습니다. 그런데도 우리 국민의 금융 이해력은 여전히 낮습니다.

2016년 한국은행과 금융감독원이 국민 금융 이해력 조사를 했습니다. 이에 따르면 한국인의 금융 이해력은 100점 만점에 66.2점에 불과했습니다. 경제협력개발기구가 정한 최소 수준이 66.7점이라는 것을 고려하면 형편없는 수준입니다. 조사 대상의 47.7%는 낙제점을 받았습니다. 특히 20대의 금융 이해력은 62.0점으로 60대 점수인 64.2점보다 낮았습니다.

한국은 20대 10명 중 6명이 금융 문맹 상태입니다. 여전히 금융 교육이 양과 질에서 절대적으로 부족하기 때문일 것입니다. 학교에서 사회 과목을 배울 때 금융 교육을 함께 받긴 하지만, 소비생활, 자산 관리 등 일부 내용만 다루고 있을 뿐입니다. 내용도 추상적이라 학생들이 흥미를 느끼지 못하는 것도 문제입니다. 대학수학능력시험에도 경제 과목은 제대로 된 대접을 받지 못하고 있습니다. 2019학년도 수능에서 경제 과목을 택한 학생은 사회탐구 영역 응시자의 2.2%에 불과했습니다. 국내 금융 교육 역시 프로그램이 부실하다는 비판이 많습니다. 대부분 학생과 군인 등을 대상으로 한 일회성 교육이기 때문에 한계가 있는 게 사실입니다.

한국이 금융 문맹국이란 건 부끄러운 일입니다. 우리는 자본주의 체제에서 삽니다. 자본주의를 움직이는 동력은 바로 금융이고 금융의 핵심은 돈입니다. 돈을 모르면 자본주의 체제에서 도태될 수밖에 없습니다. 금융 교육의 핵심은 부자를 만드는 것이 아닙니다. 미래를 꿈꿀 수 있는 건강한 시민을 육성하는 데 있습니다. 그러기 위해서는 금융 교육의 의무화가 필요합니다. 청년들이 빚이나 빈곤의 수렁에 빠져서는 국가의 미래를 담보할 수 없습니다.

왜 조기 저축이 중요한가

"영택아! 너 적금이나 예금통장 있어?"

"야! 그게 뭐가 필요해. 말만 하면 엄마 아빠가 용돈 주시는데."

금융 공부도 중요하지만 더 중요한 건 저축하는 습관을 배우는 것입니다. 조기 저축은 경제적으로 건강한 시민이 되는 첩경입니다. 청년들이 경제적으로 위태로운 상황에 처하는 것은 경제, 특히 금융 교육의 부재 때문이라고도 할 수 있지만, 결과적으로 저축 습관을 들이지 못했기 때문이라고도 할 수 있습니다.

　한국의 부모들은 자녀 교육과 보살핌에선 세계 어느 나라 부모와 비교해도 뒤지지 않습니다. 한국의 사교육 열풍은 이를 잘 보여줍니다. 물심양면으로 아이를 지원해 주어 아이가 좋은 대학에 입학한다면, 나중에 고소득 직업을 갖게 되어 일생의 안정이 보장될 거라고 생각합니다. 〈SKY 캐슬〉이란 드라마는 이런 대한민국의 현실을 잘 반영한 드라마였습니다. 대한민국 상위 0.1%가 모여 사는

'SKY 캐슬' 안에서 자식을 천하제일 왕자와 공주로 키우고 싶어 하는 부모의 욕망을 담은 이 드라마를 보면서, 이게 과연 0.1%의 상류층에게만 해당되는 얘기일까 생각해 본 적이 있습니다. 대다수의 부모가 같은 마음일 것입니다. 자신은 어떤 고생을 해도 자식만큼은 번듯하게 살기를 바랍니다. 이런 염원을 갖고 있는 부모들은 보살핌이란 이름으로 자식을 가두게 됩니다. 보호만이 최선이라 생각합니다. 울타리 밖의 엄혹한 현실을 가르치기보단 그것을 막아 주는 데 급급합니다. "너는 공부만 해라. 나머진 엄마 아빠가 다 알아서 한다."가 대다수 부모의 교육 방침입니다. 문제는, 부모들도 너무 잘 알고 있듯 공부가 모든 것을 해결해 주지 않는다는 데 있습니다.

최소한 돈을 모으고 그것을 관리하는 법, 그리고 자본주의 세상에서 '돈'이 갖는 의미 정도는 알아 둬야 합니다. 건강한 경제주체로 자랄 수 있도록 교육시키는 것이 영어, 수학 공부를 시키는 것보다 중요합니다. 이것을 등한시한 결과가 현재 청년들의 경제적 실패입니다. 부모로부터 독립하는 시기임에도 자생력을 잃고 우왕좌왕하는 청년들이 많습니다. 요즘 SNS에서 청소년이나 대학생을 상대로 한 '소액 고금리 대출'이 성행하고 있다고 합니다. 하루에 20~50%에 달하는 이자를 요구하는, 그야말로 악덕 사채입니다. 그런데도 많은 청년들이 이런 돈을 빌려 씁니다. 왜 이런 돈을 쓰는 걸까요? 금융에 대해 자세히 알지 못할뿐더러 평소 저축하는 습관을 기르지 않았기 때문입니다.

'한 방'은 없다

"영택아, 그럼 너 저축은 하니?"
"쓸 돈도 없어. 그거 조금 저금해서 언제 부자 되냐? 인생 한 방이지!"

누구나 부자가 되기를 원합니다. 큰돈을 가진 사람들을 부러워하고 그렇게 되고 싶어 합니다. 문제는 많은 사람들이 '한 방'에 그렇게 되기를 원한다는 것입니다. 재벌이나 큰 부자의 자식으로 태어나지 않고서 부자가 된 사람은 극소수일 뿐인데도 대다수가 그런 꿈을 갖고 삽니다. 누구는 매주 복권을 사고, 또 다른 이는 일확천금을 꿈꾸며 주식이나 가상화폐를 삽니다. 이 정도는 그래도 봐줄 만합니다. 법을 어기는 일도 서슴지 않는 사람들이 있습니다. 절도, 강도, 사기, 횡령, 도박, 살인 등 우리 사회 범죄 원인 대부분이 바로 이 '돈'이죠. '한 방'을 꿈꾸며 사는 사람들이 만들어 내는 세상의 슬픈 자화상입니다. 대다수의 사람이, 그토록 원하던 부자가 되지 못합니다.

　주변을 둘러봅시다. 부자가 된 사람들 대부분은 성실합니다. 부모에게 천문학적인 돈을 물려받은 사람을 제외하고는 대부분의 부자가 그렇습니다. 남들보다 몇 배, 몇십 배의 땀을 흘린 사람이 부자가 됩니다. 연예인이든 스포츠 스타든 직장 생활을 열심히 한 사람이든 자신의 길을 묵묵히 열심히 걸어온 사람입니다. 어느 날 갑자기 부자가 되는 경우는 드뭅니다.

부자가 되는 길의 시작은 단언컨대 저축입니다. 저축만큼 위대한 습관은 없습니다. 저축하는 사람은 시간이 그를 부자로 만들어 줍니다. 열심히 저축하다 보면 어느새 부자가 되어 있는 자신의 모습을 발견하게 될 것입니다.

저축의 가장 큰 장점은 이자를 받을 수 있다는 겁니다. 돈을 자신의 집 금고에 모아 두면 추가로 생기는 게 없습니다. 하지만 은행에 예금하면 이자라는 돈을 얹어 주지요. 2008년 금융 위기 이후 금리가 계속 내려가 은행 이자율이 매우 낮아졌습니다. 그래도 쥐꼬리만 한 이자라고 얕봐선 안 됩니다. 2020년 8월 현재 금융감독원 자료를 보면, 은행의 1년 만기 정기예금 최고 금리는 1.3%입니다. 이 은행에 1000만 원을 1년 만기 정기예금으로 맡기면 1년 후에 13만 원의 이자가 생기는 겁니다. 물론 세금을 제하고 받는 금액은 더 적습니다. 그래서 보는 이에 따라서는 별거 아니라고 치부할 수도 있는 금액입니다. 그런데 여기서부터 '시간'의 힘이 작용합니다. 원금과 이자를 합한 금액을 다시 정기예금으로 은행에 맡긴다면, 1013만 원은 1년 후 1026만 1690원이 됩니다. 시간이 흐를수록 돈이 처음보다 크게 불어나는 걸 알 수 있습니다. 저축은 시간과의 싸움이자 그 열매입니다. 저축을 오래 할수록 그 열매는 더욱 풍성해질 것입니다.

스노볼(snowball) 굴리기, 복리 투자

맨해튼 땅을 판 인디언의 얘기는 한 번쯤 들어 봤을 겁니다. 미국의 네덜란드 이민자들에게 땅을 판 인디언은 고작 24달러를 받았습니다. 지금 기준으론 정말 하찮은 금액입니다. 우리 돈으로 약 2만 5000원 정도니 둘이서 삼겹살을 간신히 먹을 수 있는 금액입니다. 그런데 이 인디언이 연 복리 8%로 땅을 판 해인 1626년부터 2020년 12월까지 원금 24달러를 은행에 넣어 두었다면 그 돈은 얼마로 불게 될까요? 자그마치 350조 달러가 넘는 엄청난 금액입니다. 394년 동안 매년 이자와 원금을 합한 금액에 다시 이자가 붙기 때문입니다. 24달러가 350조 달러가 된다니, 얼핏 보면 납득이 안 될 정도인데요. 이것이 '복리의 마술'입니다. 그 인디언이 은행과 친했다면 그의 후손은 아마도 지구 최고 갑부 반열에 올랐을 겁니다.

24달러를 350조 달러로 키운 건 뭘까요? 그것은 바로 시간입니다. 시간은 돈을 키우는 마법의 요술 지팡이입니다. 위 인디언의 사례에서 1년 뒤 24달러는 고작 25.92달러로 불어날 뿐입니다. 금리가 8%라 할 때 이자는 1.92달러에 불과하기 때문이죠. '72법칙'이란 게 있습니다. 72를 연 복리(%)로 나누면 원금의 두 배가 되는 기간을 계산할 수 있습니다. 예를 들어, 연 복리 8%라면 원금이 두 배가 되는 데 걸리는 기간은 72를 8로 나눈 '9년'이 됩니다. 이를 위 인디언의 예에 적용하면 1626년의 24달러는 9년이 흐른 1635년엔 48달러, 다시 9년이 흐른 1644년엔 96달러, 1853년엔 192달러……. 이런 식으로 돈이 불어나게 됩니다.

좀 더 현실적인 예를 들어 보는 게 좋겠지요. 연 복리 8%, 원금 100만 원을 22세에 은행에 넣어 둔 사람과 40세에 예금을 한 사람이 나중에 찾는 금액을 비교해 봅시다. 예금을 찾는 시점은 58세라 가정해 보죠. 이자가 8%이니까 원금이 두 배로 불어나는 시간은 '72법칙'에 의해 9년이 됩니다.

22세	31세	40세	49세	58세
100만 원	200만 원	400만 원	800만 원	1600만 원
		100만 원	200만 원	400만 원

똑같은 100만 원을 맡겼는데 22세에 예금을 시작한 사람과 40세에 시작한 사람이 나중에 받는 돈은 4배나 차이가 납니다. 이처럼 시간과 복리의 힘은 위대합니다. 만약, 22세에 원금 1000만 원을 투자하는 데서 더 나아가 매년 1000만 원씩 58세까지 추가로 복리 투자를 할 수 있다면 원금은 3억 6000만 원이지만 복리의 힘에 의해

약 36년 후 찾게 되는 원리금은 18억 원이 넘게 됩니다. 물론 금리가 연 복리 8%일 때를 가정한 상황입니다. 결론은 복리의 효과를 제대로 만끽하려면 일찍부터 저축을 시작하는 게 좋다는 것입니다.

대체 복리가 뭘까요? 이자를 어떻게 계산하느냐에 따라 이자 액수는 크게 달라집니다. 단리란 원금에 대해서만 일정한 이자율을 적용하여 지급하는 방식을 말합니다.

$$단리\ 이자 = 원금 \times 금리 \times 기간$$

예를 들어 연 3% 금리 예금 상품에 500만 원을 3년 예치한 경우, 단리 이자는 500만 원 × 0.03 × 3 = 45만 원이 됩니다. 총 545만 원을 수령할 수 있습니다. 반면에 복리는 일정 기간이 지난 후 발생한 이자를 원금에 포함해 그 합계 금액에 대해 이자를 지급하는 방식을 말합니다.

$$복리\ 이자 = 원금 \times (1+금리)^{기간} - 원금$$

예를 들어, 연 복리 3% 예금 상품에 500만 원을 3년 예치하게 되면, 복리 이자는 500만 원 × $(1.03)^3$ − 500만 원 = 46만 3635원이 됩니다. 단리와 복리는 이처럼 이자 액수에서 차이가 납니다. 위의 경우, 연 복리로 가입했을 때 이자가 단리로 가입했을 때에 비해 1만 3635원이 많습니다. 만약 월 복리라면 이자는 더 커지겠지요. 월

단위로 이자가 계산될 테니 말입니다. 위의 경우 월 복리 상품이라면 이자는 47만 257원이 됩니다. 단리와 연 복리에 비해 많은 이자가 붙습니다. 원금이 커지면 이자는 늘어납니다. 다시 말해, 복리란 정해진 기간이 지나면 발생한 이자를 원금에 포함시켜 그 금액 전체에 대해 이자를 지급하는 방식을 말합니다.

따라서 금리가 같다면 단리보다는 복리로 이자를 계산해 주는 금융 상품에 가입하는 게 좋습니다. 다만, 복리 상품은 귀합니다. 은행에서 판매를 잘 하지 않습니다. 그래도 길은 있습니다. 스스로 복리효과를 만들어 내면 됩니다. 정기예금에 가입한 후 발생한 이자와원금을 한 푼도 인출하지 않고 그대로 다시 예금하면 됩니다. 매년발생하는 이자가 새로운 원금으로 편입되기 때문에 이자에 이자가붙는 복리 효과를 누릴 수 있는 겁니다.

저축에 늦은 때란 없다

복리의 효과를 누리려면 저축하는 시간이 길어야 합니다. 그러므로 저축은 이르면 이를수록 좋습니다. 저축은 습관입니다. 매달 혹은매일 조금씩 저축해 1년을 모으면 목돈이 됩니다. 그 목돈을 정기예금에 예지하고 다시 1년 동안 조금씩 지축해 목돈을 만듭니다. 1년후 만기가 차면 돈을 찾아 그동안 모은 목돈과 합쳐 다시 정기예금에 가입합니다. 10대 초반부터 이런 식으로 꾸준히 저축해 나가면20대 중반이 되었을 때 꽤 큰돈이 쌓이게 됩니다.

현재 우리나라의 많은 청년들이 '빚쟁이'입니다. 대학에 들어가며 학자금 대출을 받는 경우가 많기 때문이지요. 졸업 후 다행히 좋은 직장에 들어가면 이 빚을 금방 갚을 수 있지만 그런 경우는 그다지 많지 않습니다. 오늘날 많은 청년이 희망을 품고 독립할 나이에 빚 때문에 허우적거리고 있습니다.

신용 등급이 떨어져 취업하지 못하는 경우도 있습니다. 이런 상황에서 인생 설계를 하는 건 어렵겠지요. 자칫하면 이 자본주의 세상에서 낙오자가 됩니다. 어릴 때부터 저축을 한 사람은 어떨까요? 대부분 별문제 없이 인생 설계를 하고 있을 겁니다.

"나는 쓸 돈도 없어. 저축은 무슨 저축?" 이런 얘기를 가끔 듣습니다. 이들이라고 저축의 중요성에 대해 모르거나 저축을 하고 싶지 않은 것은 아닐 것입니다. 나중에 여윳돈이 생기면 그때부터 저축을 하겠다고 생각하고 있을 겁니다. 하지만 이런 사람들 대부분은 평생 저축을 하지 못합니다. 쓰고 남은 돈을 저축하는 게 아니라 저축하고 남은 돈을 쓰는 겁니다. 기초 생활 수급비를 아껴 저축하는 사람도 있습니다. 심지어 그렇게 모은 돈을 아낌없이 기부하는 분들도 있죠. 저축할 여유가 없다는 건 핑계일 뿐입니다. 차일피일 미루다간 평생 부자 소리를 듣지 못합니다. 다시 한번 말하지만 저축은 습관입니다. 이 습관을 통해 우리는 재산 형성의 기본인 자금 관리와 자기 절제를 배우게 됩니다.

예금을 시작하려면 월 목표 저축액을 정해야 합니다. 자신의 소비생활을 냉철하게 분석한 후 목표 저축액을 정하면 됩니다. 목표

액을 정했다면 그 뒤론 굳은 의지가 필요할 것입니다. 현대는 유혹의 시대입니다. 먹을 것, 입을 것, 즐길 것 등이 넘쳐나지요. 저축을 위해선 먼저, 버티는 사람이 돼야 합니다. 수많은 유혹에도 흔들리지 않아야 합니다. 뭔가를 산다고 해서 욕망이 해결되는 것도 아닙니다. 욕망이란 채워도 끝이 없다는 것을, 욕망이란 끊임없는 '갈증'이란 것을 이해하지 못하면 저축은 불가능합니다. 저축은 곧 '절제'의 습관화입니다.

지금 당장 주머니를 뒤져 볼까요? 몇백 원이, 몇천 원이 있을지도 모릅니다. 잔돈을 쓰기는 정말 쉽죠. 그러나 잔돈이 목돈이 되는 것입니다. 매일 같이 소소하게 나가는 돈, 정말 '껌값'일지라도 이런 얼마 안 되는 돈을 아끼는 것이, 그리고 그 돈을 모아 나가는 것이 '부자'에 한 걸음 다가가는 것입니다.

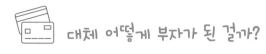
'부자'는 누구를 말하는 걸까요. 사전을 찾아보면 '재물이 많아 살림이 넉넉한 사람'이라는 정의가 나옵니다. 그렇다면 도대체 재산이 얼마나 많으면 부자일까요?

'많다'란 말에는 함정이 있습니다. 객관적 기준이 없죠. 길거리에서 노숙하는 이들에겐 10만 원도 큰돈입니다. 여름 땡볕 아래 손수레를 끌고 폐지를 줍는 노인들에겐 만 원도 많은 돈일 것입니다. 반면, 억만장자들은 전셋값보다 비싼 고급 자동차를 몰고 다닙니다. 수천만 원짜리 백을 들고 수백만 원짜리 구두를 신습니다. 이들에게 1억 원 정도는 그리 크지 않은 돈입니다. '부자'란 개념은 지극히 상대적일 수밖에 없습니다.

개인적으로 나는 부자를 '더 이상 돈이 필요 없는 사람'이라 생각합니다. 실제 소유한 재산 규모와 무관하게 돈이 더 이상 필요 없는 사람, 다시 말해 돈에 대해 자유로운 사람이 부자라 믿습니다. 수천억 원, 수조 원을 갖고도 더 벌려 애를 쓰는 사람은 나의 기준에선 부자가 아닙니다. 무언가를 갈망한다는 것은 '결핍'을 의미합니다. 소유한 재산이 아무리 많아도 더 많은 돈을 갈구한다면 그는 여전히 결핍 상태, 돈이 부족한 사람이라는 말이겠죠. 따라서 그는 부자라기보다는 빈자에 가깝다고 할 수 있습니다.

진정한 부자란 '자유로움'을 얻은 사람일 것입니다. 돈에 얽매이지 않고 자유로울 수 있다면 그는 이미 부자라고 할 수 있습니다. 그러나 이런 기준은 다소 철학적이죠. 이 세상에 이런 진정한 의미의 부자가 몇이나 있을까요. 그러니 잠시 철학의 세계에서 현실 세계로 내려가 보겠습니다.

그럼, 세속적인 의미에서 '부자'는 어떤 사람일까요. 이를 정의하는 건 대단히 어렵습니다. 시대에 따라서 부자의 기준이 변하기도 합니다. 멀리 갈 것도 없이 불과 10여 년 전만 해도 10억 원 정도의 재산이 있으면 부자라고 불렀습니다. 당시 기준 금리가 4~5% 정도, 시중 금리는 그 이상 했으니까 10억 원 재산이면 생활을 영위하는 데 무리가 없었습니다. 은행에 맡겨 놔도 월 400만 원 정도를 이자로 받을 수 있었으니까요. 그런데 2020년 현재는 어떤가요. 집값이 천정부지로 올랐습니다. 강북의 25평 아파트도 10억 원을 호가합니다. 당연히, 자산 10억 원 정도론 부자라 칭하기 힘들 것 같습니다. 또, 일반적으로 이 정도의 자산을 보유한 사람을 부자라 부르지도 않습니다.

부동산의 자산 가치가 급격히 오르다 보니 부자의 기준도 점차 상향 조정되고 있습니다. 이 때문에 많은 경제 연구소에서 총자산

중에서 금융자산만 10억 원이상을 보유한 사람을 부자라 정의하고 있습니다. 대표적으로 KB경영연구소가 그렇습니다. 한국의 부자에 관한 가장 면밀한 보고서라 할 수 있는 KB경영연구소의 〈부자보고서〉를 살펴보면 다음과 같은 수치가 나옵니다.

금융자산 10억 원 이상인 부자의 수는 2018년 말 기준으로 약 32만 3000명입니다. 한국 인구가 5000만 명이니 0.65% 정도입니다. 이는 2017년에 비해 1만 3000명가량이 늘어난 수치입니다. 경제성장률이 높지 않았는데도 부자의 수는 늘었습니다. 어려운 상황에서도 재산을 축적할 능력이 있는 사람들이 부자가 되고 있습니다.

주목할 건 한국 부자의 자산이 어떻게 구성되어 있느냐입니다. 부동산 자산이 약 54%, 금융자산이 약 40%였습니다. 나머지는 7%는 아마 보석이나 그림 등으로 이루어졌을 것입니다. 큰 부자일수록 부동산 자산 비중이 컸습니다. 또한 이들은 미래에 돈을 벌 가능성이 큰 자산으로 부동산을 꼽았습니다. 한마디로, 앞으로 부동산으로 돈을 벌 생각을 하고 있다는 얘기입니다.

한국 부자의 탯줄

한국인의 부동산 사랑은 유별납니다. 국토 면적이 작다 보니 경제가 발전할수록 쓸 만한 부동산의 희소성이 높아졌습니다. 아파트, 공장, 빌딩을 지을 수 있는 공간은 한정적인데 그 수요는 시간이 흐를수록 늘어나기 때문입니다. 특히, 인구가 밀집된 수도권과 대도시에서 심합니다. 기본적으로 부동산 가격이 오를 수밖에 없는 구조라는 것이죠. 하지만, 부동산에 대한 한국인의 유별난 애정은 이것만으론 설명되지 않습니다.

한국 부자들의 총자산 평균은 67억 원 정도입니다. 자산 중 가장 큰 비중을 차지하는 것이 부동산입니다. 이런 부동산 부자들의 특징은 자수성가형이라는 것입니다. 좋게 말하면 재테크의 달인, 나쁘게 말하면 투기를 통해 돈을 번 사람들입니다. 사실, 달인이라 할 수도 없습니다. 재산 증식에 좀 더 감각이 있던 사람들일 뿐이죠.

현재 어느 정도 재산을 일군 50~60대라면, 부동산 투자를 통해 부를 쌓은 사람일 확률이 큽니다. 아파트를 사고팔고 하면서 말이죠. 누군가는 제주도 땅도 샀습니다. 주거지는 자식 교육을 위해 강남으로 옮겼고 상가 등 건물은 노후 대비를 위해 샀습니다.

동료와 친구, 친척들이 이와 같은 방식으로 투자를 하는 것을 보면서 가만히 있을 사람은 거의 없겠지요. 일주일에 수천만 원씩 오르는 부동산을 보며 관심을 갖지 않는 게 외려 이상한 일입니다. 이들을 투기꾼이라 매도할 필요는 없습니다. 70~90년대 웬만큼 초기 자본을 모은 사람들 대부분이 그랬습니다. 한국은 그런 시대를 지나왔습니다. 한국의 부자는 그렇게 탄생했습니다.

즉 한국의 부자는 불로소득을 그 원천으로 태어났다고 할 수 있습니다. 불로소득은 직접 일을 하지 않고 얻는 수익을 말합니다. '땀' 흘리지 않고 얻는 소득이죠. 이자, 배당, 임대료 등의 투자 수익, 주식을 포함한 유가증권이나 부동산의 매매 차익 등 재산소득, 상속, 연금, 복지 등을 통해 얻은 소득이 불로소득에 해당합니다.

사실 불로소득 안에도 노동과 땀이 들어 있습니다. 다만, 그것은 불로소득을 얻는 사람의 땀이 아니라 그에게 불로소득을 안겨 주는 다른 누군가의 땀입니다. 자고 일어나면 값이 오르는 부동산, 한 달이 지나면 통장으로 들어오는 임대료, 세월이 흘러 부모가 늙거나 사망하면 자연스레 자식 몫이 되는 상속재산 등은 모두가 타인의 노동, 노력의 결과물입니다. 이런 불로소득이 한국 부자의 탯줄입니다.

우리나라 역사상 최대의 개발이 이뤄진 시기인 1970년대와 1980년대는 압축 성장 시대였습니다. 당시 서울은 물론 전 국토가 공사판이었다 해도 과언이 아닙니다. 대대손손 농사를 짓던 사람들이 하루아침에 땅 부자가 됐고 자고 일어나면 오르는 아파트 가격은 '부동산 불패 신화'를 만들어 냈습니다. 땀 흘리지 않고 돈을 벌 수 있다는 것만큼 유혹적인 것은 없겠지요. 친구, 동료, 친척이 아파트를 사서 부자가 되는 것을 보고 가만히 있을 사람은 없습니다. 조금의 여윳돈과 재테크에 대한 감각이 있는 사람이라면 너도나도 부동산 투자, 투기에 뛰어들었습니다. 그리고 그들 대부분이 돈을 벌었습니다. 부동산은 사 두면 오른다는 '불패 신화'가 그렇게 탄생했고 그 신화는 여전히 한국인의 뇌를 지배하고 있습니다.

불로소득 자본주의

'Rentier'란 단어가 있습니다. '금리생활자'로 번역됩니다. 직업 없이, 이자를 소득원으로 생활하는 사람을 말합니다. 이자로만 생활하려면 자산가여야겠지요. 여기서 말하는 '이자'는 단순히 예금에 대한 이자만을 뜻하진 않습니다. 지대, 가옥 임대료 등을 포함한 개념입니다. 한마디로 말하면, 'Rentier'는 별다른 일을 하지 않고도 보유한 자산에서 파생되는 돈만으로 생활이 가능한 사람들을 부르는 말입니다. 21세기 한국인의 로망인 '건물주'도 여기에 해당합니다. 따라서 위 단어는 '금리생활자'보다는 '불로소득자'로 번역하는 게 올바를 것 같습니다.

불로소득자의 존재가 새로운 것은 아닙니다. 오래전부터 불로소득자는 존재했습니다. 그러나 이들이 하나의 계급으로 특별한 주목의 대상이 된 것은 금융자본이 지배하는 세상이 되면서부터입니다. 현대는 금융자본가가 다른 모든 종류의 자본가를 지배합니다. 은행 등 금융기관은 산업자본을 지배합니다. 은행에 빚 하나 없는 기업은 없습니다. 돈을 가진 사람이 최고의 권력을 갖는 게 오늘의 현실입니다. 건물주는 임차인에게, 돈을 빌려주는 사람은 빌리는 사람에게 권력을 휘두릅니다. 불로소득자가 지배하는 세상입니다. 이는 개인과 개인의 관계에서만 나타나는 현상이 아닙니다. 자본수출 정도에 따라 한 나라가 특정 국가를 쥐락펴락하는 힘을 가질 수도 있습니다. 이 경우, 자본수출국은 금리생활자와 비슷한 성격을 띠게 됩니다. 국가 역시 '불로소득국'이 되는 세상입니다.

자본주의는 이미 'Rentier Capitalism'으로 변화하고 있습니다. 이 말은 '지대추구 자본주의'라 번역되고 있지만 노골적으로 표현하면 '불로소득 자본주의' 혹은 '약탈적 자본주의'라고 할 수 있습니다. 생산적인 사회적 공헌 없이 수익의 대부분을 챙겨가며 재산(물리적 재화, 금융자산, 지적자산 등)을 독점한 세력이 지배하는 자본주의를 뜻하는 용어이며, 곧 오늘날 현실을 의미합니다.

불로소득 자본주의를 약탈적 자본주의라 부르는 이유가 있습니다. 경제학자 토마 피케티는 《21세기 자본》을 통해 대부분의 국가에서 불로소득자들의 약탈이 일상이 되었다고 말합니다. 자산가들은 자본소득으로 더욱 부자가 되고 있고 자산이 없는 서민들은 나날이 빈곤해져 부자와 서민 간 격차가 갈수록 벌어지고 있습니다. 한편에서는 금융 투기와 부동산 투기가 늘어나고 다른 한쪽에서는 실업자들과 가난한 생계형 자영업자들이 늘어나는 게 오늘날의 현실입니다.

2020년 9월 현재 한국의 자산 시장은 호황입니다. 부동산은 지난 몇 년간 폭등했고 주식시장은 코로나19 위기에도 불구하고 최고점에 근접한 상황입니다. 이런 자산 시장의 호황은 불로소득자들에게 엄청난 부를 안겨 줬습니다. 자산을 가진 부자들은 더욱 부자가되었습니다. 그럼 서민들의 삶은 어떻게 되었을까요. 자산의 혜택을받지 못한 서민들의 삶은 더욱 힘들어지고 있습니다. 전셋값 폭등의 여파로 수많은 사람들이 빚을 내야 했고 부동산 폭등으로 서민들의 꿈이었던 내 집 마련이 말 그대로 꿈처럼 멀어졌습니다. 임대료까지 오르니 영세 자영업자들도 힘들어졌습니다. 쉬지 않고 소처럼 일해도 월세를 내고 나면 외려 적자인 자영업자들이 늘고 있죠. 자산 시장 호황으로 인해 근로소득 계층의 삶은 상대적으로 곤궁해지고 있습니다.

자본주의의 무덤

오늘날 경제사회에서는 약탈하는 자와 약탈당하는 자가 명확히 구분됩니다. 약탈적 자본주의(predatory capitalism)가 '자유시장'이란 미명하에 횡행하는 것이 오늘의 현실입니다. 사람들은 돈이 돈을 버는 구조를 당연시하며, 땀 흘리지 않고 번 돈이 세상 무엇보다 대접받습니다. 많은 이들에게, 돈은 곧 신입니다. 문제는 아무리 더러운 돈이라도 그렇다는 겁니다.

20세기 최고의 경제학자인 존 메이너드 케인스(John Maynard Keynes)는 아무런 생산적 기여를 하지 않으면서 약탈에 의존하는 자산가 계급, 유한계급이 자본주의의 무덤을 파고 있다고 비판했습니다. 케인스만이 아니라 수많은 경제학자들이 새로운 형태의 '생산적 경제'가 필요하다고 역설하고 있습니다. 이들은 한결같이 생산적 투자, 생산적 노동이 전제되지 않은 자본주의라면, 그 역사적 생명력이 다한 것이라 강조합니다.

실제로 자본주의는 그 약탈적 성격으로 인해 끊임없이 침체와 공황을 반복하고 있습니다. 생각해 보면 너무 당연한 귀결입니다. 대부분의 부가 불로소득자 계층에 집중되다 보니 소비의 주체인 대중이 소비력을 잃게 되고 경제가 공황으로 치닫게 되는 것이죠. 자산가 계급은 대중에게 빚을 공급해 생산물을 처리하려 하지만 이는 곧 한계에 부닥치게 됩니다. 신용 공급(빚을 내주는 것)이 그 극한에 치닫는 순간 마침내 대중은 더 이상 소비할 수 없게 됩니다. 빚을 갚느라 쓸 돈이 없는 겁니다. 소비가 없이 자본주의는 지속될 수 없습니다. 공황은 약탈적 자본주의의 숙명이라 할 수 있습니다.

자본주의가 지속되려면 불로소득을 죄악시까지는 않더라도 부끄러워할 줄 아는 새로운 규범이 탄생해야 합니다. 돈이 돈을 버는 세상이 아니라 땀이 돈을 벌어다 주는 세상이 되어야 합니다. 근로소득이 자본소득보다 더 빠르게 성장하는 세상이 되어야 합니다. 생산적 경제활동에 기여할 때 더 큰 소득이 보장되는 세상이 되어야 합니다. 약탈적 자본주의가 아니라 연대와 공감의 자본주의를 만들어야 합니다. 그러기 위해서는 불로소득은 세금을 통해 자연스레 사회로 환원되어야 합니다. 불로소득이 자산가 호주머니에서 빠져

나와 생산적 경제활동에 투자되고 복지를 통해 재분배될 때 자본주의는 지속 가능한 것입니다.

투자와 투기는 어떻게 다를까?

유명 가수 A씨가 부동산 문제로 논란에 휩싸인 적이 있습니다. A씨는 2018년 1월에 경기도 과천시 소재 건물을 매입했습니다. 작업실, 사무실, 연습실로 사용되는 이 건물은 GTX 사업의 수혜를 받게 되면서 매입 때보다 약 23억이 올랐습니다. 이것이 투기 논란을 불러일으켰습니다. 이에 대해 A씨의 소속사와 A씨 본인은 투기 목적이 아니라 실제 사용 목적으로 매입했다고 주장했습니다.

투자와 투기는 뭐가 다른 걸까요? 둘을 명확히 구분하는 건 매우 어렵습니다. 투자는 착한 행위, 투기는 나쁜 행위라 보는 이분법적 구분도 애매모호합니다. 자본주의 사회에서 불법이 아니라면 돈을 벌기 위한 행위 자체를 비난할 수 없습니다. 설사 그것이 투기라 해도 법이 용인한 범위라면 문제가 되지 않습니다. 다만, 투기가 투자에 비해 사회에 미치는 해악이나 부작용이 많은 건 사실입니다.

"10년 이상 보유하지 않으려면 단 10분도 보유하지 마라." 주식 투자로 세계의 최고 부자의 반열에 오른 버핏이 한 충고입니다. 여기서 투자와 투기의 차이점이 극명하게 드러납니다. 투자와 투기는 수익 창출을 기대하는 시간에서 차이가 납니다. 투자는 비교적 장기적인 관점에서 수익 창출을 기대하지만 투기는 단기간에 돈을 벌고자 하는 행위입니다.

'한탕주의'라면 투기다

누구나 빨리 돈을 벌고 싶어 합니다. 하지만, 단기간에 고수익을 거둘 수 있는 것은 큰 위험 또한 내포하고 있습니다. 자고 일어나면 수천만 원이 오르는 부동산, 하루에도 수십 퍼센트가 오르는 주식, 심지어 배로 뛰는 가상화폐 등은 우리를 유혹하지만 그 끝이 좋지 않은 게 대부분입니다. 이상하게 그런 자산을 사게 되면 얼마 지나지 않아 그 가격이 추락하는 경우가 많습니다. 쉽고 빠르게 돈을 벌 수 있으면서도 안정적인 상품은 그 어디에도 없습니다. 투자는 안정적이되 수익률이 낮고 투기는 기대 수익률이 높지만 위험한 게 대부분입니다.

투자와 투기는 기대 이익 규모에서도 차이가 납니다. 투자는 일반적으로 철저한 조사와 분석 과정을 거쳐 합리적인 이익을 추구합니다. 반면에 투기는 합리적인 이익이 아니라 비이성적 이익을 원합니다. 투기라 해도 기본적인 조사를 하지 않는 건 아니겠지요. 다만, 도박을 하듯 일확천금을 바라기 때문에 조사는 대충하기 십상입니다. 투자가 합리적인 수준의 이익, 즉 예금 이자나 그것을 조금 넘어서는 수준의 이익을 기대하는 것에 비해 투기는 시장 금리를 몇 배 넘어서는 이익을 추구합니다.

부동산을 예로 들면, 투기는 취득해서 매각하는 것에만 관심을 둡니다. 해당 부동산을 보유함으로써 얻게 되는 수익, 즉 임대료 같은 것에는 별로 관심을 두지 않습니다. 이에 비해 투자는 취득과 매각, 보유 모두를 포함하는 범위에서 수익을 기대합니다. 취득할 때나 매각할 때의 세금, 보유세 등은 물론 보유함으로써 얻게 되는 고정 수익(임대료) 따위를 종합한 총체적인 수익 구조를 따진 뒤에 내리는 결정이라면 투자입니다.

부동산 투자와 투기의 가장 큰 차이점은 뭐니 뭐니 해도 구매 목적에 있습니다. 투자는 실수요자가 하는 행위입니다. 실제 거주할 목적으로 아파트를 사는 게 대표적이겠지요. 수익형 부동산은, 자신의 경제적 부담 능력을 고려하여, 이용하고 관리할 의사를 가지고 구입해야 투자입니다. 예측 가능한 정당한 이익, 그리고 충분한 기간 동안 소유하려는 목적이 있어야 합니다. 반면, 투기는 오로지 단기적인 차익만을 기대하고 구입하는 경우가 대부분입니다. 아파트 같은 경우도 실거주 목적보다는 차익을 볼 목적으로 사게 됩니다. 빌딩이나 땅을 살 경우에 그것을 이용하거나 관리할 의사가 없는 게 일반적입니다. 보유 기간은 단기이며 전매로 이익을 실현하고자 합니다.

투자와 투기의 차이점은 또 있습니다. 바로 나 아닌 다른 누군가에게 해당 거래 행위가 도움이 되느냐 여부입니다. 즉 생산적 활동인지 아닌지의 여부죠. 실수요자의 아파트 구입은 생산적인 행위입니다. 건설 회사의 생산 활동을 지원하고 국민 경제에 도움을 줍니다. 반면, 투기적 아파트 거래는 수많은 폐해를 낳습니다. 투기 수요는 가수요 급증을 낳고 이는 부동산 가격을 단기간에 급등시키게 됩니다. 그렇게 되면 진짜 아파트가 필요한 실수요자는 비싼 가격에 아파트를 구입해야 하고 자본 여력이 없는 서민과 청년들은 '내 집 마련'이라는 꿈을 포기할 수밖에 없게 됩니다. 폐해는 이뿐만이 아닙니다. 투기 수요로 급등한 부동산 가격은 투기 세력이 빠져나가는 순간 급락하는 게 일반적입니다. 그렇게 되면 부동산 가격 급등에 놀라 빚을 내 서둘러 집을 장만한 실수요자들만 피해를 보게 됩니다. 투기는 소수가 이득을 보고 다수가 피해를 보는 구조를 갖습니다. 타인에게 피해를 줄 수 있는 거래라면 그것은 투기에 가깝습니다.

건물주가 꿈이 돼 버린 세상

요즘 청소년들에게 꿈이 뭐냐고 물으면 다수가 '건물주'라고 답한다고 합니다. 건물 한 채만 보유하고 있어도 사는 데 아무런 불편이 없기 때문일 것입니다. 하지만 다수가 건물주인 세상, 대부분이 부자인 세상은 있을 수 없습니다. 부자란 기본적으로 불평등을 전제로 한 개념입니다. 부자는 다수의 빈자가 있어야 존재할 수 있습니다. 그러므로 부자가 절대 다수인 세상은 있을 수 없는 것이죠. 부란 언제나 상대적이기에 극소수만이 '부자'란 이름표를 달 수 있는 겁니다.

부동산으로 거두는 소득은 대부분 불로소득입니다. 생산 활동의 결과물이 아닙니다. 이는 경제학의 기본 원리인 '자원의 효율적 배분' 원칙에 반하는 것입니다. 자본주의는 자본가가 생산적 활동에 투자할 때 지속 가능합니다. 자본이 불로소득을 탐하는 순간 자본주의는 '덫'에 걸리게 됩니다. 생각해 봅시다. 다수가 건물주가 되어 생산적 활동에 기여하지 않는다면 경제는 쇠퇴할 수밖에 없습니다.

자본은 기본적으로 생산과 투자 활동, 즉 공장을 짓고 신제품을 만들어 내고 사람을 고용하는 데 쓰여야 합니다.

청소년의 꿈이 건물주인 국가의 미래는 어두울 것입니다. 다수가 불로소득과 한탕을 꿈꾸는 사회에 미래가 있을 수는 없겠죠. 그런 점에서 기성세대의 책임이 큽니다. 반성해야 합니다. 부동산 불패 신화가 낳은 씁쓸한 자화상을 지워야 우리에게 내일이 있을 것입니다.

자본주의는 '부자'를 장려합니다. 그들에게 아낌없는 박수를 보내기도 합니다. 때론 그것이 지나쳐 그들을 숭배하기까지 합니다. 하지만, 부자들 중에 사회적 존경을 받는 이는 그리 많지 않습니다. 많은 사람이 부자가 소유한 돈에 허리를 굽히지만 속으로는 그를 경멸합니다. 존경할 만한 부자는 그리 많지 않습니다. 이는 어쩌면 한국 사회의 비극입니다.

존경할 만한 부자와 건강한 사회

부자를 추구하는 삶은 권장해야 합니다. 다만, 그 과정은 지극히 상식적이어야 합니다. 공정한 경쟁을 통해 부를 축적해야겠죠. 불법, 탈법적 방법을 이용해 부자가 되는 것은 막아야 합니다. 가령, 주식 조작이나 다단계, 불법 도박 등 비정상적인 방법을 통해 돈을 번 사람들에겐 엄중한 법의 심판이 뒤따라야 합니다. 상대적 박탈감을 불러올 뿐만 아니라 그런 방식으로 돈을 벌어도 잘 먹고 잘살 수 있다는 그릇된 생각을 보통 사람들에게도 전파할 우려가 있기 때문입니다. 우리 사회는 어떻게든 돈만 벌면 된다는 생각이 지배합니다. 이는 비정상적으로 부자가 된 자들에 대해 관대했기 때문입니다. 이들이 떵떵거리며 살 수 있는 사회 환경, 이를 없애지 않는 한 비정상적인 부, 불로소득을 원천으로 한 부의 추구는 계속될 수밖에 없습니다.

청년들은 부자를 꿈꾸되 좋은 세상을 바라야 합니다. 즉 건강한 부자를 꿈꿔야 합니다. 사회에서 용인한 노동과 땀, 창의적인 노력과 성실함으로 이룬 부자 말입니다. 그래야 명예로운 삶이 가능합니다. 가슴에서 우러나온 존경을 받을 수 있는 부자를 꿈꾸기를, 진심으로 바랍니다.

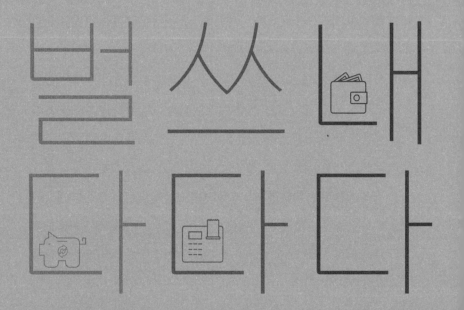

3부

빌리다

borrow money

borrow
money

 사회적 동물인 인간에게 신용만큼 중요한 것은 없습니다. 신용을 잃는 순간 사회생활 자체가 어려워지기 때문입니다.

 화폐경제의 덕목, 신용

"영택아, 돈 있으면 만 원만 빌려줘."
"있어도 못 빌려줘! 넌 신용이 없잖아."

'신용'이 대체 뭐기에 친구 간 돈거래를 주저하게 하는 걸까요? 현대는 '신용 사회'입니다. '신용'이란 '믿음성의 정도'를 말합니다. 누군가의 신용이 높다는 말은 한 마디로 약속을 잘 지키며 그의 말과 행동에 거짓이 없다는 것을 뜻합니다. 반대로 신용이 낮다는 말은 그가 어떤 말이나 행동을 해도 믿을 수 없다는 것을 뜻합니다. "네 말은 콩으로 메주를 쑨다 해도 안 믿어!"와 같은 경우입니다. 실제로 메주는 콩으로 만들죠. 그럼에도 그렇게 말한 사람의 말을 믿지 않는다는 것은 그만큼 그의 말과 행동에 거짓이 많았다는 얘기입니다. 《이솝 우화》에 나오는 양치기 소년은 신용이 낮은 자의 대표적인 사례라 할 수 있습니다.

그렇다면 왜 현대 사회를 신용 사회라 하는 걸까요? 신용은 인간

사회에서 매우 중요한 덕목입니다. 친구, 친지, 동료 등으로부터 믿음을 얻지 못하는 사람은 사회생활을 제대로 할 수 없습니다. 거짓말쟁이라고 소문이 난 사람과 누가 친하게 지내고 싶어 할까요.

게다가 유독 현대에서 신용이 강조되는 이유가 있습니다. 바로 현대 경제가 화폐경제이기 때문입니다. 화폐경제란 모든 것이 화폐로 치환되는 경제를 뜻합니다. 우리가 소비하는 대부분의 서비스와 재화에는 가격이 매겨져 있죠. 영택이가 살고 있는 아파트는 10억 원, 운동화는 10만 원, 미용실 커트 비용은 1만 5000원입니다. 가격이 정해지지 않은 것은 거의 없습니다.

화폐는 위대한 발명품입니다. 만약 화폐가 없었다면 우리는 여전히 물물교환을 하며 살아가고 있었을 것입니다. 화폐는 인류를 물물교환 시대에서 벗어날 수 있게 해 주었습니다. 세탁소를 하는 사람이 새 컴퓨터가 필요한 경우를 가정해 볼까요. 물물교환 시대라면 그는 세탁이 필요한 컴퓨터 판매업자를 찾아 나서야 할 것입니다. 하지만 화폐가 있기에 세탁소 사장은 그런 사람을 찾아 헤매지 않아도 됩니다. 그냥 누군가의 옷을 세탁해 주고 그 대가로 화폐를 받아 컴퓨터를 구입하면 되니까요. 화폐는 거래의 연속성을 보장합니다. 화폐로 시장에서 거래되는 모든 것을 살 수 있기 때문에 거래는 끊이지 않고 계속될 수 있습니다.

그런데 여기서 한 가지 의문점이 생깁니다. 우린 대체 무얼 믿고 거래 상대방이 건네주는 종잇조각, 즉 돈을 받고 자동차나 아파트와 같은 고가의 물품을 내주는 걸까요? 그것은 바로 신용이 있기 때문입니다. 상대방이 내주는 화폐의 진위에 대한 신뢰, 그리고 그 화폐가 그 사람 것이라는 화폐 소유자의 정당성에 대한 신뢰가 있기 때문이죠. 신뢰나 신용이 전제되지 않는다면 화폐경제는 성립할 수 없습니다. 이렇듯 현대 경제가 화폐경제이고 화폐경제의 핵심은 바로 신용에 있기에 현대를 신용 사회라 하는 것입니다.

경제활동에서의 신용

또 다른 이유도 있습니다. 경제적 의미에서 '신용'이란 '거래한 재화의 대가를 앞으로 치를 수 있음을 보이는 능력'을 말합니다. 사실 현대를 살아가는 대부분이 빚쟁이입니다. 주택 담보 대출, 전세 자금 대출, 학자금 대출, 여기에 신용카드를 쓰고 있는 사람까지 생각하면 빚에서 자유로운 사람은 거의 없습니다. 특별히 유복한 집안에서 태어나지 않았다면 빚을 질 수밖에 없는 게 현실입니다. 그런데, 빚을 내기 위해서는 신용이 있어야 합니다. 신용이 높으면 돈을 빌리는 게 쉽죠. 낮은 금리로 빌릴 수 있습니다. 반면, 신용이 낮다면 돈을 빌리는 게 쉽지 않습니다. 은행에서는 거의 빌릴 수 없으니 대부 업체를 이용해야 하고 높은 이자를 부담해야 하죠.

신용 사회에서는 현금을 보유하지 않아도 얼마든지 돈을 빌려 사업을 하거나 물건을 살 수 있습니다. 단, 신용이 있어야 합니다. 신용이 높으면 세상살이가 훨씬 편해집니다. 반대로, 신용이 낮으면 돈 구하기가 어려워집니다. 신용카드 발급도, 은행 대출도 안 됩니다. 심하면 일상생활 자체가 위협받을 수 있으니, 신용은 현대인이 반드시 관리해야 할 요소입니다.

플라스틱 머니가 나타났다

"영택아, 언제까지 그것만 신을래? 이제 신발 좀 새로 사."

"나도 그러고 싶지. 근데 돈이 없어."

"야, '엄카'로 사면 되잖아."

'플라스틱 머니'란 말을 들어 봤나요? 돈은 돈이지만 플라스틱으로 만들어진 돈이란 뜻인데요. 일반적인 화폐처럼 종이나 금속이 아닌 플라스틱으로 만들어진 신용카드를 이르는 말입니다.

신용카드가 출현한 것은 유럽의 경우엔 1880년대, 미국은 1920년대입니다. 만들어진 지는 백여 년에 불과하지만 신용카드는 현재 우리 삶을 지배하고 있습니다. 물론 초창기 신용카드는 현재와 달랐습니다. 물건을 사고 돈을 나중에 지불하는 방식 자체는 지금과 같았지만 사용에 많은 제한이 있었죠. 게다가 특정 상점에서만 사용할 수 있었습니다. 오늘날과 같이 여러 곳에서 두루 사용이 가능한 신용카드는 1950년에 처음 나왔습니다.

어느 날, 미국의 프랭크 맥나마라(Frank McNamara)란 사람이 친구들과 함께 뉴욕의 한 식당에서 저녁을 먹었습니다. 그런데 계산을 하려고 하니 지갑에 현금이 없었습니다. 이때 그가 떠올린 것이 바로 신용카드였습니다. 이 세 사람은 다이너스 클럽을 설립했고, 200명의 고객에게 27개 레스토랑에서 사용할 수 있는 카드를 발급해 주었습니다. 이때 카드 재질은 종이였습니다. 회원사로 가입한 레스토랑은 7%의 수수료를 지불했고, 고객들은 연회비로 3달러를 냈습니다. 이 사업은 생각보다 폭발적으로 성장하게 됩니다. 이에 1958년에는 자본을 갖춘 거대 은행들이 이 사업에 뛰어들게 됩니다. 이때부터 본격적인 플라스틱 머니 시대가 열리게 된 것이죠.

"외상이면 소도 잡아먹는다."란 속담이 있습니다. 신용카드가 오늘날처럼 폭발적인 성장을 할 수 있었던 것은 인간의 욕망을 자극했기 때문입니다. 그윽한 조명 빛을 받아 보석처럼 빛나는 쇼윈도의 명품백, 유명 브랜드의 멋진 운동화를 현금 없이도 얼마든지 살 수 있습니다. 신용카드는 매우 편리하게 인간의 욕망을 충족시켜 주었습니다.

이처럼 신용카드는 수중에 현금이 없어도 물건을 살 수 있다는 게 가장 큰 특징입니다. 신용카드는 말 그대로 신용카드 주인의 신용으로 물건이나 서비스를 구매하고 약속된 날짜에 그 금액을 일괄 결제하는 카드를 말합니다. 그러니 신용카드를 사용하는 순간 우린 카드 회사에 빚을 지게 되는 것입니다. 카드 회사가 사용자를 대신해 가맹점에 먼저 돈을 지불하는 것이까요. 그런데 많은 사람들이 신용카드를 사용하면서 빚을 진다는 생각을 하지 않습니다. 남에게 돈을 빌리는 걸 죽기보다 싫어하는 사람도 신용카드는 자주 씁니다.

돈 아닌 돈

왜 그럴까요? 신용카드는 일반적인 돈과 모양새부터 다릅니다. 그저 네모난 플라스틱일 뿐이죠. 신용카드를 쓰는 순간 곧 갚아야 할 빚이 생기는 것인데도 당장 현금이 빠져나가지 않는다는 사실이 반가울 뿐입니다. 무이자로 한 달 혹은 두세 달 외상을 할 수 있으니 돈을 아끼는 것이라는 생각도 합니다. 이런 이유로 현금이 있어도 신용카드를 쓰는 경우가 많습니다.

이런 신용카드는 우리를 욕망에 휩싸이게 합니다. 굳이 사지 않아도 될 것을 자꾸 사게 만들죠. 비싸서 신용카드가 없었다면 사지 않았을 물건인데 할부로 살 수 있는 환경을 조성하여 불필요한 소비를 부추깁니다.

신용카드는 빚을 내게 만드는 물건입니다. 물론 빚을 갚을 수 있는 능력이 된다면, 그리고 그것을 갚고 나서도 생활에 불편함이 없다면 신용카드는 분명 우리의 삶을 편하고 윤택하게 만들어 줄 것입니다. 그러나 갚을 수 없는 상태, 혹은 그 빚을 갚느라 다른 생활을 포기할 정도에 이른다면 신용카드는 결국 우리를 파괴할 것입니다. 쓸지 안 쓸지는 개인의 선택입니다. 단, 신용카드를 과도하게 사용해 그 빚을 갚지 못하는 순간 신용 불량의 늪에 빠지게 된다는 것을 알아야 합니다. 과도한 욕망은 언제나 화를 부릅니다. 또 신용 사회에서 한번 신용이 하락하면 그것을 제자리로 돌려놓는 데 엄청난 시간과 노력이 필요합니다. 그 시간 동안 사회생활이 힘들어질 수 있습니다.

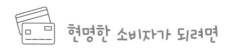

언젠가 신용카드를 쓰게 된다면, 곧 빚을 지게 된다는 것을 되새길 필요가 있습니다. 앞서 말했듯 카드사의 돈을 일단 빌려 쓰는 것이니까요. 빚을 지고 싶지 않다면 내 돈을 쓰면 됩니다. 그런데 현금을 들고 다니는 건 위험한 일일 수도 있습니다. 분실할 위험도 있고 도난당하거나 강도를 만날 수도 있으니까요. 게다가 현금 결제는 불편하죠. 현금 결제를 하게 되면 잔돈을 거슬러 받게 되는데, 이렇게 모인 잔돈은 처치 곤란이기도 합니다. 최근엔 현금을 받지 않는 커피 프랜차이즈 업체까지 등장했습니다. 점포는 카드만 받음으로써 거스름돈을 준비해야 하는 수고를 덜 수 있고 정산 업무를 한층 간소화할 수 있습니다. 요즘 이런 추세와 더불어 일명 '스마트 페이'도 일반화되고 있어 현금 사용자가 더 빠르게 사라지고 있기도 하죠.

빚을 지고 싶지도 않고 불편한 현금 사용도 싫다면 체크카드가 대안이 될 것입니다. 체크카드는 자신의 은행 계좌 잔액 내에서 소비 활동을 할 수 있으면서 신용카드 가맹점이라면 어디서든 자유롭게 사용할 수 있습니다. 무엇보다 신용카드는 발급 대상이 성인으로 제한되지만 체크카드는 만 14세 이상이라면 누구나 발급받을 수 있습니다.

체크카드의 단점은 계좌에 잔액이 없다면 사용이 불가능하다는 것인데요. 이러한 점은 현금과 같습니다. 현금이 없다면 물건을 살 수 없듯 체크카드 연계 계좌에 돈이 없다면 당연히 결제가 되지 않습니다. 그런데 이 단점은 보는 시각에 따라 얼마든지 장점이 될 수 있습니다. 과소비의 위험을 줄일 수 있다는 말이니까요. 체크카드를 쓸 때는 계좌에 잔액이 얼마 남았는지를 생각하게 됩니다. 물건을 살 때 남은 돈을 고려할 수밖에 없기 때문에 한층 합리적인 소비가 가능합니다. 스스로 정한 예산 안에서 소비를 통제할 수 있는 것이죠.

똑 소리 나게 쓰자

카드사는 체크카드나 신용카드 사용 실적에 비례해 각종 혜택을 소비자에게 제공합니다. 그래서 카드를 쓰면 현금을 사용할 때는 얻을 수 없는 할인이나 캐시백 혜택 등을 누릴 수 있습니다. 이는 물론 카드사의 마케팅 전략이지만, 소비자 입장에서는 현금 사용으론 얻을 수 없는 추가 혜택을 받는 것이니 나쁠 게 없습니다. 다만, 이런 혜택을 받으려 필요하지도 않은 물건을 구입하거나 서비스를 이용한다면, 결국 카드사의 마케팅 전략에 이용당하는 것이죠. 신용카드든 체크카드든 무분별하게 사용해선 안 됩니다.

신용카드를 쓰는 사람은 가장 먼저 자신의 소득과 소비 패턴을 정확히 파악해야 합니다. 자신의 소득을 고려해 사용 한도를 미리 설정해 두는 게 중요하죠. 카드 한도는 고객이 요구하면 바꿔 줍니다. 한도를 자신의 소득, 즉 분수에 맞게 설정한 후 그 한도 내에서 소비하는 습관을 가져야 합니다. 이렇게 하면 생각지도 않던 소비를 줄일 수 있습니다. 느닷없이 눈앞에 나타난 고가의 물품에 마음을 뺏겨도, 지름신이 느닷없이 강림해도 한도를 초과하는 물건이라면 살 수 없으니까요. 물론 카드사에 연락해 사용 한도를 높일 수가 있습니다. 하지만, 그 자체가 번거로운 일이고 이 과정에서 현재 내가 하는 소비가 과연 꼭 필요한 것인지 한 번 더 생각할 수 있는 여유를 갖게 됩니다. 이런 과정을 거치면 과도한 지출은 대부분 막을 수 있습니다.

신용카드를 체크카드처럼 사용하는 방법도 있습니다. 신용카드 결제가 이뤄질 때마다 '선결제'를 하면 됩니다. 선결제란 정해진 결제일 이전에 미리 결제하는 것을 말합니다. 이렇게 하면 신용카드를 쓰더라도 미리 정한 금액 내에서 지출할 수 있게 됩니다. 소비 금액을 계속 확인할 수 있으니 체크카드처럼 사용할 수 있는 것이죠.

평소 소액이라도 연체를 한다거나 돈을 무분별하게 쓰는 습관이 있다면, 신용카드 사용은 독이 될 수 있습니다. 이런 경우라면, 체크카드를 사용하는 게 훨씬 낫습니다. 현대는 소비 사회이자 과잉생산의 시대입니다. 먹을 것, 입을 것 등이 지천이죠. 이 물건들 중 상당수는 소비되지 않은 채 땅에 묻히거나 폐기됩니다. 쓸 만한 중고차가 폐차되기도 합니다.

과잉생산 시대엔 소비가 미덕으로 내세워집니다. 소비가 활성화돼야 생산물 처리가 가능하기 때문이죠. 문제는 소비 주체인 대중의 구매력입니다. 사고 싶은 걸 전부 살 수 있는 재력을 가진 사람은 극소수죠. 대다수의 사람은 사고 싶은 게 많아도 살 수 없습니다. 이때, 대중의 구매력을 끌어올릴 수 있는 가장 좋은 방법이 그들에게 '신용'을 제공하는 것입니다. 쉽게 말해 빚을 지기 좋은 환경을 조성하는 것이죠.

현대 사회에선 빚을 내는 게 너무 쉽습니다. 상황이 이러하니 현명한 소비자가 되는 건 매우 어렵죠. 언제나 그렇듯 자신을 통제할 수 있는 건 자신뿐입니다. 가능하면 소비의 늪에 빠지지 말아야 합니다. 스스로 삼가고 주의하는 것만이 소비사회에서 자신을 지킬 수 있는 유일한 길일 것입니다.

 빚은 모두 나쁜 걸까?

"누군가를 노예로 부릴 수 있는 가장 좋은 방법은 뭘까. 돈을 빌려주면 된다. 그것도 가능하면 넘치게 빌려주는 게 좋다. 이로써 끝이다. 완력을 사용하거나 협박할 필요도 없다. 호랑이도 빚을 지는 순간 순한 양이 된다. 돈을 빌려주면 상전, 빌려 쓰면 종이 되는 세상이다."

내가 2011년 《한겨레》에 쓴 칼럼의 일부입니다. 빚을 지는 순간 우리는 엄청난 심리적 부담을 안게 됩니다. 빚은 본인이 갚지 못하면 자식에게까지 내려갑니다. 제아무리 정신력이 강한 사람도 채권자 앞에 서면 순한 양이 되고 가슴이 떨리는 법입니다. 빚을 갚아야 할 날은 다가오는데 돈을 마련하지 못했다면 심리적 불안에 휩싸이게 됩니다. 은행이나 채권자의 상환 안내 문자라도 받게 되면 더욱 그렇습니다.

빚을 지지 않고 한평생을 살 수 있다면 그보다 마음 편한 일은 없을 겁니다. 그러나 현대를 살아가면서 빚을 지지 않고 산다는 것은 거의 불가능한 일입니다. 그렇다고 빚 자체가 나쁜 것은 아닙니다. 빚에는 순기능도 있습니다. 생산적인 빚도 있죠. 그러니 충분히 감당할 수 있는 수준이라면, 빚내는 걸 너무 두려워할 필요는 없습니다.

'레버리지(leverage)'란 단어가 있습니다. 지렛대란 뜻인데요. 경제학에서는 타인자본, 즉 빚을 지렛대로 이용해 자기자본에 대한 수익을 증대하는 일을 일컬을 때 이 단어를 사용합니다. 쉽게 설명하면, 수익을 얻기 위해 빚을 내는 투자 기법이죠.

예를 들어 볼까요. 빚을 한 푼도 안 지고, 그러니까 대출 없이 내 돈 10억 원(자기자본)을 가지고 집을 샀습니다. 1년 후 집값이 10% 뛰어 11억 원이 됐습니다. 이 경우 10억 원을 투자해 1억 원을 벌었으니 수익률은 10%입니다. 그런데 내 돈 5억 원과 은행에서 빌린 5억 원(타인자본)으로 10억 원짜리 집을 샀다고, 그리고 1년 후 집값이 뛰어 11억 원이 됐다고 가정해 봅시다. 이때 집을 다시 팔아 5억 원 대출금을 갚고 나면(은행 이자 등은 편의상 고려하지 않았습니다.) 6억 원이 남습니다. 원금 5억 원을 투자해 1억 원을 벌었으니 이 경우 수익률은 20%가 됩니다. 만약 자기자본 1억 원과 타인자본 9억 원을 투자했다면, 수익률은 100%가 되겠죠. 이것이 '레버리지 효과'입니다.

사실 사회 초년생인 청년들이 부모의 도움 없이 큰 규모의 자기자본을 갖는 건 불가능합니다. 저축을 열심히 했다 하더라도 그 돈만으로 사업을 하거나 집을 사는 건 대다수의 청년들에겐 불가능에 가까운 일이죠. 이때 타인자본, 즉 빚을 이용할 수 있다면 선택지가 넓어집니다. 특히, 사업에 있어선 부채 활용은 필수입니다. 거의 모든 기업이 자기자본을 초과한 부채를 갖고 있습니다. 이는 레버리지 효과를 극대화하는 전략이라 할 수 있습니다.

양날의 검, 레버리지 투자

레버리지 투자 또한 양날의 검입니다. 레버리지를 이용한 투자가 성공했을 때 수익률은 자기자본을 적게 들일수록, 다시 말해 타인자본을 늘릴수록 커지죠. 하지만 알다시피 모든 투자가 성공하는 건 아닙니다.

다시 예를 들어 보겠습니다. 10억 원의 자기자본만으로 집을 샀는데 그 집이 1년 후 9억 원으로 떨어졌습니다. 이 경우 수익은 마이너스 1억 원, 수익률은 마이너스 10%입니다. 반면, 자기자본 5억 원과 타인자본 5억 원을 가지고 10억 원에 집을 샀는데 집값이 1년 후 9억 원으로 떨어졌다면, 5억 원의 자기자본 중 1억 원을 손해 본 셈이니 이 경우 수익률은 마이너스 20%가 되는 것입니다. 자기자본 1억 원, 타인자본 9억 원으로 집을 샀다면 수익률은 마이너스 100%에 이르겠죠. 따라서 레버리지 효과를 극대화하기 위해서는 반드시 투자의 성공 가능성이 전제되어야 합니다.

2014년, 이른바 '갭투자'가 유행하기 시작했습니다. 갭투자란 집값과 전셋값 차이(갭, gap)가 적은 집을 전세를 끼고 매입하는 투자

방식을 말합니다. 예를 들어 매매 가격이 3억 원인 주택의 전셋값이 2억 5000만 원일 경우 전세를 끼고 5000만 원으로 집을 살 수 있습니다. 일정 기간 뒤 집값이 크게 오르면 팔아서 시세 차익을 남길 수 있어 부동산 활황세에 많이 쓰이는 투자법이죠. 대표적인 레버리지 투자라 할 수 있습니다.

갭투자는 집값이 오른다는 것이 전제될 때 이뤄집니다. 집값이 오르지 않거나 매매가 위축될 경우 위험 부담을 투자자가 고스란히 떠안게 되기 때문이죠. 심한 경우엔 세입자의 전세금을 돌려주지 못하는 상황에 처할 수 있습니다. 실제로 아파트나 빌라 수백 채를 이런 식으로 샀던 사람이 집값이 하락하자 전세금을 돌려주지 못해 파산하는 경우마저 있었습니다.

 금융기관에도 클래스가 있다

"고객님, 제3금융권에서 대출을 많이 받으셨네요. 신용 등급이 7등급이라 아무래도 저희 은행에서 대출은 힘들 것 같습니다."

"네? 제3금융권요?"

제3금융권이라는 말을 들어 보셨나요? 왜 다 같은 은행인데 숫자를 붙여 구분하는 걸까요?

금융기관이란 돈의 융통을 중개하는 기관을 말합니다. 이런 기관은 수없이 많죠. 그런데 이들을 좀 자세히 들여다보면 차이점이 보입니다. 바로 그 차이를 이용해 금융기관을 편의상 세 종류로 분류하고 있습니다. 차이가 뭐냐고요? 대출이자와 대출 접근성, 즉 대출을 얼마나 쉽게 해 주느냐입니다.

제1금융권은 전형적인 은행을 말합니다. 우리은행, 신한은행과 같은 일반은행, 광주은행, 제주은행과 같은 지방은행, NH농협, IBK 기업은행과 같은 특수은행으로 나눠죠. 카카오뱅크와 케이뱅크 같은 인터넷 은행 역시 제1금융권에 속하는 은행입니다.

제2금융권은 1980년대 이후 급신장한 보험회사, 신탁회사, 증권회사, 종합금융회사, 상호저축은행, 신용협동기구, 새마을금고 등을 이릅니다. 이들도 제1금융권 은행과 비슷하게 예금이나 적금을 받아 주고 고객에게 돈을 대출해 줍니다. 대출만 해 주는 '여신 금융회사'도 있습니다. 신용카드사, 캐피탈, 리스사, 할부금융사 등이 대출 업무만 전담하는 금융기관이죠. 공식적인 용어는 아니고 주로 비공식적으로 언론 등을 통해 퍼진 말이며, '비은행금융기관'이라고도 불립니다.

제3금융권이란 제도 금융권에 속하는 나머지 금융기관으로 '사(私)금융권'이라 불리기도 합니다. 최근 언론에서는 '소비자금융'이라고 표현하기도 하는데, 주로 대출을 전문으로 하는 사채 및 대부 업체가 여기에 해당합니다.

이제 막 사회에 진출한 사회 초년생이라면 대출을 받는 게 서툴 수 있습니다. 금융 생활 특히, 대출을 받아 본 경험이 거의 없기 때문에 당연합니다. 기껏해야 대학 학자금 대출을 받아 본 정도인데 이는 학교나 국가가 어느 정도 지원해 주기 때문에 절차 등이 비교적 간단하죠. 결과적으로 경험이 부족하다 보니 불필요하거나 안전하지 않은 상품을 골라 대출을 받는 경우가 많습니다. 이 나이에는 신용카드 사용 기간이나 예금, 적금 등 금융 이력이 짧기 때문에 신용 등급이 높지 않은 게 일반적인데, 이런 점들이 안전하게 대출받는 데 방해가 됩니다.

대출이 쉬워질수록 위험이 커진다

금융기관 중 가장 대출을 쉽고 편하게 해 주는 곳이 제3금융권입니다. 사회 초년생 등 신용 등급이 낮은 사람들이 제3금융권을 찾는 이유죠. 신용이 낮아도, 심지어 직업이 없어도 돈을 대출해 줍니다. 우리는 주변에서 본인 명의의 휴대전화만 있어도 수백만 원씩 대출해 준다는 광고를 흔히 볼 수 있습니다. 이들이 바로 제3금융권에 해당되는 대부 업체입니다.

그런데 함정이 있습니다. 대출 금리가 법정 최고 금리에 육박하는 것이죠. 이렇게 높은 이자를 부담하는 건 쉽지 않습니다. 빌릴 때는 워낙 급하니까, 그리고 이자를 충분히 부담할 수 있다는 자신감에 빌리지만 빚을 청산한다는 건 생각처럼 그렇게 쉬운 일이 아닙니다. 무엇보다 이런 금융기관을 이용하게 되면 신용 등급이 매우 떨어지는데요. 그렇게 신용이 하락하면 정상적인 은행 이용이 어려워집니다.

2020년 현재, 법정 최고 금리는 연 24%입니다. 그리고 대부 업체 대출 금리는 대부분 법정 최고 금리죠. 반면 제1금융권의 대출 평균 금리는 5% 안팎이니, 대부 업체를 이용하게 되면 정상적인 은행을 이용할 때보다 최대 5배 정도의 이자를 더 내야 하는 것입니다. 1000만 원을 빌리면 1년 이자가 240만 원입니다. 은행의 경우엔 50만 원 정도만 부담하면 되는데 말이죠. 그러니 대부 업체를 이용하는 순간 빚의 구렁텅이에 빠진다고 생각하면 됩니다. 무슨 일이 있어도 대부 업체 같은 금융기관은 이용하지 않는 게, 정상적인 사회 생활, 금융 생활을 위한 최선이 될 것입니다.

신한은행의 〈보통사람 금융생활 보고서 2019〉를 보면, 입사 3년 이내인 20~30대 직장인, 즉 사회 초년생의 대출 보유율은 44%로 나타났습니다. 잔액은 평균 3391만 원이었습니다. 대출을 받는 이유는 생활비, 주택자금, 학자금 부채 상환 등인데요. 월 평균 상환액이 58만 원에 달한다고 하니 결코 적지 않은 금액입니다.

대출을 받아야 한다면 일단 국가 운영 상품에 눈을 돌리는 게 가장 좋습니다. 금리가 싸고, 은행을 이용하기 어려운 청년들을 위한 다양한 상품이 있기 때문이죠. 학자금은 물론이고 창업에 나서는 청년을 위한 대출, 하다못해 청년 무직자를 대상으로 한 대출 제도까지 시행하고 있습니다.

그다음으로 생각할 수 있는 게 제1금융권 대출입니다. 은행에서는 통상 3개월 이상의 재직자, 즉 직업을 가진 사람에게 대출을 해주는데요. 재직 기간, 현재 소득, 신용 등급 등에 따라 대출 가능 여부와 금리, 그리고 한도가 결정됩니다. 신용이 높고 기존 대출이 없거나, 있더라도 연체 없이 정상적으로 상환 중이라면 대출을 받을 가능성이 커집니다. 이때 핵심은 평소 신용 관리를 얼마나 주의 깊게 했느냐입니다.

요즘은 신용을 평가하는 방식이 매우 다양해지고 있습니다. 공과금이나 휴대전화 요금 납부 정보, 온라인 쇼핑몰 이용 현황 등도 개인 신용에 영향을 줄 수 있죠. 거듭 강조하지만, 신용은 이 사회에서 살아가는 데 가장 중요한 요소 중 하나입니다. 아무리 작은 금액이라도 연체를 하지 않도록 주의할 필요가 있습니다.

신용 관리는 최대한 일찍 시작하는 게 좋습니다. 용돈을 받는 학생이라도 합리적으로 지출 계획을 세울 필요가 있습니다. 후에 신용카드를 발급받는다면 이를 적절히 사용하면서 연체가 발생하지 않도록 해야 합니다. 신용카드를 연체 없이 사용하면 신용 등급이 올라가는데요. 신용을 높이겠다고 구태여 신용카드를 사용하다 연체가 발생하면 오히려 신용에 악영향을 주게 되니 주의해야 합니다.

신용은 적극적으로 높여야 합니다. 금융거래 실적을 쌓지 못하는 상황이더라도 신용을 높일 수 있는 방법은 얼마든지 있습니다. 예를 들어, 최근 6개월 이상 통신 및 공공요금의 납부 내역을 신용평가사에 제출해 신용 점수를 높일 수 있습니다. 또 직장을 얻게 된다면 급여 이체, 적금 가입, 각종 공과금 자동이체 등 다양한 금융 서비스 이용 내역을 평소에도 꾸준히 쌓아갈 필요가 있습니다. 은행을 적극적으로 이용하는 것 자체가 신용 등급을 높이는 데 도움이 되니까요.

금융 생활 경험이 적은 청년들은 신용을 대수롭지 않게 생각하는 경향이 있습니다. 자신과는 별 관련이 없으니 신용 관리는 나중에 해도 된다고 생각할 수 있죠. 하지만, 한번 추락한 신용 등급을 올리는 건 매우 힘든 일입니다. 앞서 말했듯 대출에서 자유로운 사람은 거의 없습니다. 이때 철저하게 신용 등급을 관리했다면 원하는 금액을 언제든 낮은 금리로 빌릴 수 있는 게 오늘날의 금융 시스템입니다. 신용이 낮은 사람은 공적인 금융기관에 접근하는 게 매우 어렵다는 것을 기억해야 합니다.

빚에 허덕이는 청춘들

영택이는 고민에 빠졌다. 아르바이트하던 가게가 문을 닫아 이번 달 계획이 몽땅 틀어졌다. 가장 급한 건 원룸 월세다. 막막하다. 형편이 어려운 부모님께 손을 벌리는 건 죽기보다 싫다. 그렇다고 주변에 돈을 빌려줄 사람도 없다. 신용 등급이 낮으니 은행은 엄두도 낼 수 없다. 결국 인터넷에서 '급전', '대출'을 검색한다.

우리나라 20대가 지고 있는 빚은 얼마나 될까요? 2020년 현재 우리나라 20대의 1인당 대출액은 698만 원이라고 합니다. 대부분은 대학 등록금이나 생활비를 마련하느라 빌린 것이죠.

온라인은 대출 천국입니다. 여기저기서 돈 좀 빌려 가라 아우성입니다. 온라인에서 광고하는 대출은 크게 두 가지 방식으로 이루어집니다. 하나는 '내구제 대출'입니다. 대표적으로 휴대전화를 여러 대 개통해 유심칩을 빼고 공기계를 파는 방법이 있죠. 브로커들이 공기계를 사 가기 때문에 5~6대 정도만 개통하면 300~400만 원 마련은 어렵지 않습니다. 매달 수십만 원의 휴대전화 이용 요금을 내야 하지만 일단 급한 불은 끌 수 있죠. 그런데 왜 '내구제' 대출일까요? '내가 나를 구제한다'는 뜻입니다. 휴대전화만이 아니라 값비싼 가전제품을 할부로 사서 그 즉시 중간상인에게 넘기는 방식도 유행하고 있습니다.

다음은 일명 '작업 대출'입니다. 청년들이 대출을 할 때 어려움을 겪는 이유는 변변한 직업이 없기 때문인데요. 이에 브로커들이 가짜 재직 증명서를 만들어 주고 저축은행을 통해 고금리 대출을 알선해 줍니다. 분명 범법 행위죠. 이런 식으로 대출을 받는 청년은 사문서위조죄, 사기죄의 공범이 됩니다. 게다가 브로커 알선 비용은 상상을 초월하는데요. 2000만 원을 빌리면 1000만 원 이상을 브로커가 가져간다고 합니다.

사실 청년들이 빚의 수렁에 빠지는 가장 큰 원인은 학자금 대출입니다. 대학 졸업 후 좋은 일자리를 얻은 사람이라면 당연히 문제가 되지 않겠죠. 하지만, 생각보다 많은 청년이 어려운 상황에 처해 있습니다. 수입은 적은데 갚아야 할 학자금 대출 상환액은 많고 거기에 생활비까지 마련해야 하기 때문에 쪼들리기 일쑤입니다. 취업을 하면 신용카드를 발급받을 수 있는데, 이게 또 하나의 위험 요인이 됩니다. 급하면 신용카드 현금 서비스와 카드론을 쓰게 되고 더 급하면 다른 카드를 발급받아 일명 '돌려막기'를 하게 됩니다. 하지만 이것도 한계가 있습니다. 마침내 신용카드 대출마저 불가능해지면 저축은행에 이어 대부 업체, 사채로 눈을 돌리게 되는 것이죠.

청년 부채 증가세는 통계청 조사에서도 확인됩니다. 30세 미만 청년 가구주의 평균 부채 규모는 2012년 1283만 원에서 2019년 3197만 원으로 늘었습니다. 게다가 청년들은 나이가 들어감에 따라 빚이 계속 늘어나는 추세를 보였습니다.

그러므로 오늘날 20대를 가히 '빚쟁이' 세대라 할 수 있겠는데요. 문제는 빚의 질입니다. 이들 빚의 상당액은 고금리 대출입니다. 그나마 시중은행에서 대출을 받았다면 문제는 덜할 텐데, 불법 사채를 쓴 청년들이 적지 않습니다. 청년들이 많이 사는 대학교 근처 원룸촌을 가본 사람이라면 알 것입니다. 골목길 곳곳에, 심지어 길바닥에도 대출 안내 전단이 즐비하다는 것을요. 광고하는 곳은 예외 없이 미등록 대부 업체들입니다. 30만 원 정도 소액을 빌려주고 일주일 뒤 50만 원을 갚는 '3050 대출' 광고도 심심치 않게 볼 수 있습니다. 일주일 이자가 자그마치 67%에 달하니 연 이자 3500%가 됩니다. 급하니까 이런 돈까지 쓰는 거겠지만 일단 이런 빚을 쓰는 순간 빚의 굴레에서 벗어나는 건 거의 불가능해집니다.

대체 왜 이토록 무서운 빚의 함정에 빠지는 걸까요? TV에서 사채업자들은 문신 가득한 깡패로 묘사되곤 합니다. 그런데 현실의 사채업자들은 그렇지 않습니다. 적어도 겉모습은 매우 친절하고 상냥하기까지 하죠. 물론 돈을 빌려줄 때까지만입니다. 빌려준 돈을 돌려받기 위해서는 대부분 수단 방법을 가리지 않습니다. 협박은 예삿일입니다.

신용 불량자가 될 거라곤 처음엔 누구도 상상하지 못하죠. 그래서 돈을 빌린 사람들은 어떻게 해서든 빚을 갚으려 애씁니다. 그러나 돈을 갚으려고 노력할수록 힘들어집니다. 다시 빚을 내 빚을 막게 되고 마침내 감당할 수 없는 빚의 덫에 빠지게 됩니다.

금융 교육의 부재

사실, 우리나라는 청소년과 청년들에게 제대로 된 금융 교육을 하지 않고 있습니다. 벌고, 쓰고, 빌리는 '돈'에 관한 교육은 경제학 이론에 밀려 뒷전이 되었습니다. 청년들이 대출에 대해 무지한 이유가 이것입니다. 심지어 '원금 상환'이란 용어를 모르는 청년들도 많다고 합니다. 무식하면 용감하다고 하죠. 잘 알지 못하면 겁도 없습니다. 대출 관련 교육을 받아 본 적 없는 청년들이 대출의 무서움에 대해 모르는 것은 어찌 보면 당연한 일입니다. 빚을 갚는 게 얼마나 힘든지, 높은 금리가 얼마나 큰 부담인지에 대한 이해가 없는 청년들이라면 말이죠.

현재 정부에서는 청년 빚 해결을 위해 다양한 방안과 대책을 모색하고 있습니다. 현재 신용 평가 기준을 청년들에게 유리하게 바꿔 청년들의 제도 금융권 접근성을 높이는 방안도 추진하고 있죠. 청년늘의 빚 일부를 탕감해 주자는 의견도 나오는 상황이고, 현재 저축과 재테크 위주인 금융 교육을 보강해 '부채 교육'을 강화하자는 주장도 점차 힘을 얻고 있습니다.

그래도 여기서 가장 중요한 것은 청년들의 태도입니다. 사회는 우리에게 끊임없이 빚을 권하고 있고, 휘황찬란하게 빛나는 쇼윈도는 우리가 뭔가를 사지 않을 수 없도록 유혹하고 있습니다. 이런 유혹에서 자유로운 사람은 별로 없습니다. 물론 욕망을 모두 채울 수 있을 정도로 풍족하게 버는 사람도 없습니다. 빚을 내기는 또 얼마나 쉬운가요.

빚을 내는 건 자신을 노예로 격하하는 행위임을 알아야 합니다. 빚을 갚느라 평생을 허덕인다면 그처럼 비참한 일은 없겠죠. 그러니 빚을 내기 전에 항상 생각해야 합니다. '꼭 필요해서 빌리는 건가?' '지금 꼭 빌려야 하는가?' '빌리는 곳이 공적인 금융기관인가?' '이자는 얼마인가?' '갚을 능력이 되는가?' 만약 이 중에 하나라도 'NO'라는 답이 나온다면 빌리지 않는 게 맞습니다. 가능하면 빚 없이 사는 게 우리 삶을 풍요롭게 하는 길임을 잊으면 안 될 것입니다.

금융 채무 불이행자

과거엔 30만 원 이상의 대출금이나 카드 대금을 3개월 이상 연체하거나 30만 원 이하 소액 연체가 3건 이상인 사람을 '신용 불량자'로 등록했습니다. 그런데 2000년대 초반 '신용카드 대란'이 발생했죠. 당시 무려 300만 명이 넘는 사람이 신용 불량자가 됐습니다. 이유는 카드사들이 시장 점유를 늘리기 위해 경쟁하면서 무분별하게 많은 사람들에게 신용카드를 발급해 주었기 때문입니다. 당시 많은 카드사들이 갚을 능력이 없는 사람들에게까지 신용카드를 발급해 주었고 그 한도를 높여 주었습니다. 이에 신용 불량자 제도가 오히려 신용 불량자를 양산할 뿐만 아니라 개인의 금융 상황을 고려하지 않은 채 지나친 불이익을 주고 있다는 지적이 이어졌습니다. 무엇보다 '불량자'란 용어가 주는 거부감이 변화를 이끌었고, 결국 신용 불량자 등록 제도는 2005년을 끝으로 역사의 뒤안길로 사라졌습니다.

대신 '금융 채무 불이행자'라는 말이 등장합니다. '불량자'란 말에선 의도적으로 돈을 갚지 않은 사람이란 뉘앙스가 강하게 풍겼는데, 그 말이 '불이행자'로 바뀌면서 그런 뉘앙스가 줄었습니다. 개정된 제도에서는 3개월 이상 연체금이 50만 원을 초과하거나 50만 원이하의 금융 채무를 2건 이상 연체한 경우에 금융 채무 불이행자로 등록하고 있습니다. 금융 채무 불이행자는 단순히 금융 채무뿐만아니라 세금 체납이나 전기 요금 미납에 의해서도 등록될 수 있습니다.

금융 채무 불이행자로 등록된다는 것은 정상적인 금융 생활이 불가능하다는 것을 의미합니다. 등록되는 순간 모든 금융기관에 정보가 공유되어 신용카드가 정지될 뿐만 아니라, 신규 발급과 신규 대출 역시 불가능해집니다. 기존 채무 상환을 강제로 이행하라는 압박을 받게 되고 재산압류 등 불이익을 받게 됩니다. 무엇보다, 대출금을 모두 상환하더라도 금융 채무 불이행자 기록은 오랜 시간 사라지지 않습니다. 금융기관은 이 기록을 장기간 보관하면서 공유하기 때문에 여타 금융거래에서 불이익을 받게 됩니다. 간추리면, 일단 금융 채무 불이행자가 되는 순간 공적인 금융기관을 이용하는 것이 불가능해집니다.

누구를 위한 제도인가?

그런데 이 제도의 유효성에 대해서는 논란이 있습니다. 기본적으로 '제도'라면 소비자 보호에 방점을 두고 운영되어야 합니다. 자동차

회사의 리콜 제도라든지 식품의약품에 대한 강력한 규제는 모두 소비자 보호를 우선시한 결과입니다. 그런데, 금융 채무 불이행자 등재 제도는 금융기관을 위한 제도라고 봐야 합니다.

금융기관은 고객에게 대출을 해 주고 이자를 받아 이익을 내는 사기업인데요. 금융기관을 제외한 어떤 사기업도 자신들의 손실에 대해 상대방에게 이처럼 가혹한 제재를 가하지 못합니다. 법적인 수단을 강구하는 수밖에 없죠. 가령, A사가 어떤 제품을 B사에 납품한 후 그 대금을 받지 못했다면 민사소송을 통해 돌려받을 수밖에 없습니다. 그러나 금융기관은 자신들이 신용 평가를 잘못해 빌려준 돈을 돌려받지 못하면 거래 상대방, 즉 채무자를 금융 채무 불이행자로 등록할 수 있는 특권을 갖고 있는 것이죠.

이 경우, 채무자에겐 선택의 여지가 딱히 없습니다. 돈을 갚지 못하면 금융 채무 불이행자로 살아가는 수밖에요. 나중에 돈을 갚는다 해도 금융 채무 불이행자란 꼬리표가 상당 기간 자신을 따라다니니 쉽게 원래의 상태로 회복할 수 없는 상태에 이릅니다. 물론 신용을 지키지 못한 책임은 분명 채무자에게 있습니다. 그렇지만 애초에 갚을 능력이 안 되는 사람에게 돈을 빌려준 금융기관에도 잘못이 있죠. 그러니 금융기관도 신용 평가를 철저히 하지 못한 책임을 져야 하는데, 자신들의 잘못에 대한 책임은 지지 않으니 과연 이 제도가 합당한지 논의의 여지가 있는 것입니다.

세상은 절대 내 뜻대로 되지 않습니다. 전혀 예상하지 못했던 교통사고를 당해 일을 하지 못하게 될 수도 있고 실직을 할 수도 있죠. 계획했던 사업이 틀어지는 경우도 종종 있습니다. 예상치 못한 상황 때문에 빚을 갚지 못하게 되면 새로운 빚을 내거나 친지의 도움을 받을 수밖에 없습니다. 우리 주변엔 분명히 선한 금융 채무 불이행자가 많습니다. 어쩔 수 없어서 신용을 지키지 못한 이들이 더 많습니다.

한국은행이 금융 채무 불이행자 추적 조사를 했습니다. 2014년 새로 금융 채무 불이행자가 된 39만 7000명 중 2017년 6월 말까지 채무 불이행에서 벗어나 신용을 회복한 사람은 19만 4000명에 불과했습니다. 무려 3년 6개월이 지났음에도 절반 이상이 여전히 채무 불이행 상태에서 벗어나지 못한 것이죠. 채무 불이행 상태에서 벗어난 사람의 68%는 자력이나 주변의 도움으로 빚을 갚았고 20%는 국가의 채무 조정 제도의 지원을 받아야 했습니다.

더 큰 문제는, 채무 불이행 발생 후 1년 안에 신용을 회복한 사람의 비율은 30%로 상대적으로 높지만, 시간이 흐를수록 낮아진다는 것입니다. 1년에서 2년 사이에 회복하는 사람은 11%, 2년에서 3년 이내에 회복하는 사람은 8%, 그리고 3년 이상은 1%에 불과합니다. 그러니까, 채무 불이행 상태로 3년이 지나면 안타깝게도 신용 회복이 사실상 불가능한 상태가 된다는 뜻입니다.

금융 채무 불이행자 제도는 채무 이행을 독려하기 위한 제도입니다. 그런데 그 독려 수단이 많은 금융 채무 불이행자들을 더욱 깊은 수렁으로 몰고 있으니 어떻게 하면 좋을까요.

망한 사람들을 꼭 도와줘야 해?

앞서 살펴봤듯 금융 채무 불이행자가 빚을 전부 갚고 재기에 성공하는 비율은 매우 낮습니다. 빚을 갚을 능력이 충분했다면 애초에 채무 불이행 상태에 놓이지도 않았겠죠. 대다수의 사람들이 금융 채무 불이행자가 감내해야 하는 불이익에 대해서 어느 정도는 알고 있습니다. 그럼에도 빚을 못 갚았다는 것은 그만큼 상황이 여의치 않다는 것을 말해줍니다. 상황이 이러니 이후에도 빚을 완전히 청산하는 것은 거의 불가능하겠죠. 이에 국가는 다양한 방법으로 이들이 빚의 수렁에서 빠져나올 수 있도록 도와주고 있습니다. 특히 신용회복위원회에서 과중 채무자의 신용 회복을 다양한 방법으로 도와주고 있는데요. 이런 지원 제도에도 불구하고 빚의 수렁에서 빠져나오기란 결코 쉽지 않습니다.

그렇다면 빚을 무덤까지, 혹은 후대에까지 물려줘야만 하는 걸까요. 이럴 경우 선택지가 두 개 있습니다. 바로 '개인 파산'과 '개인 회생'입니다. 이 두 제도는 법원 판결을 통해 경제적으로 곤경에 처한 사람을 구제하기 위해 만들어졌습니다.

매년 개인 파산이나 개인 회생으로 법원의 문을 두드리는 사람이 10만 명이 넘는다고 합니다. 그만큼 빚의 수렁에 빠진 사람이 많다는 얘기겠죠. 혹자는 빚을 탕감하는 이런 제도가 채무자의 도덕 불감증을 부추긴다는 비판을 하는데요. 일리 있는 말입니다. 정상적인 방법으로 돈을 벌어 먹고사는 게 아니라, 일단 빚을 내 흥청망청 쓰고 보는 사람도 있습니다. 그중에는 법을 악용하는 사람도 있고요. 원금까지도 일부 탕감이 가능하니 그런 사람들에겐 이보다 더 좋은 제도가 없을 것입니다.

그런데 사실 우리나라의 제도가 그렇게 만만한 건 아닙니다. 사치와 낭비, 도박이나 유흥에 빠져 금융 채무 불이행자가 된 경우는 법적 구제를 거의 받지 못합니다. 법은 '성실했지만 불운한 사람'을 위해 이런 제도를 만든 것이니까요. 불성실한 사람을 보호하기 위한 게 절대 아닙니다. 극히 일부가 법을 농락하며 이런 제도를 악용해 성공하는 경우도 있을 수 있습니다. 그런 이들은 비난받아 마땅하죠. 그러나 파산과 회생 제도를 이용하는 모든 사람을 도덕 불감증이라고 비난하는 건 문제가 있는 행동입니다.

구제의 정당성

파산과 회생 제도를 이용하려는 사람들은 이미 경제적 파탄 상황에 이르렀다고 봐야 합니다. 어떻게든 살아 보려 마지막 방법을 강구하는 사람들이죠. 한번 빚더미에 오르면 다시 회복하는 게 매우 힘들기 때문에, 불가피하게 이런 상황이 된 이들에게는 마땅히 재기의 기회를 줘야 합니다. 범죄자들도 일정 기간 법적 처벌을 받은 후엔 정상적으로 사회생활을 할 수 있는데, 돈을 갚지 못했다는 이유로 평생을 금융 채무 불이행자란 꼬리표를 달고 살게 한다면 너무 가혹한 처사입니다. 신용이 이토록 중요한 사회에서 신용을 지키지 못한 사람이란 낙인은 그 자체로 형벌이 되니까요

무엇보다 현행법과 제도는 채무자의 변제 능력을 고려하지 않은 채 넘치게 돈을 빌려준 금융기관 등 채권자들에게 별다른 책임을 묻지 않습니다. 빌려준 돈을 받지 못했으니, 즉 손실을 입었으니 그거로 됐다고 주장할 수도 있습니다. 그렇지만 돈을 빌려준 행위는 분명 자신들의 이익을 위해서였죠. 선의가 아니었단 얘기입니다. 사기업의 이익 추구 행위를 법과 제도로 보호할 수는 있습니다. 그렇지만 금융기관만 이토록 강하게 보호해야 하는가에 대해서는 다양한 의견이 있습니다.

금융 채무 불이행자 구제 제도에는 금융기관의 무분별한 대출을 줄일 수 있는 긍정적인 효과가 있다고 주장하는 사람들도 있습니다. 그들은 채무 불이행에 빠진 사람에 대한 구제책이 강화되면 자연스레 금융기관은 신용 평가를 더 엄격하게 해 묻지도 따지지도 않고 돈을 빌려주는 대출 행위를 자제할 거라고 봅니다.

경제적으로 파탄에 이른 사람이 늘어나는 것은 국가 경제에도 결코 좋지 않습니다. 경제는 소비와 투자의 결과물이라 할 수 있습니

다. 투자는 소비가 늘어날수록 활기를 띠게 되죠. 따라서 소비가 경제의 핵심이라 할 수 있는데요. 경제적 파탄 상황에 이른 사람들이 늘어나면 빚을 갚느라 소비 생활이 축소되고 결국 전체 경기에 침체가 오게 됩니다. 금융 채무 불이행자가 많은 사회는 정상적인 경제성장을 할 수 없습니다.

핵심은 성실하게 노력하며 살아왔지만 어쩔 수 없이 감당할 수 없는 빚을 진 사람과, 흥청망청 쓰다 빚을 진 사람을 어떻게 구분할 것이냐입니다. 이는 법원이 해야 할 일인데, 결코 간단하지 않을 것입니다.

분명한 것은 파산과 회생은 최후의 수단이란 것입니다. 가능하면 이런 상황이 오지 않도록 본인의 신용을 잘 관리해야겠죠. 청소년 시기부터 신용을 무엇보다 소중히 생각해야 하는 이유입니다.

어느새 산더미처럼 불어난 빚

'가계 부채'란 한 가정이 진 빚을 말합니다. 구체적으로는, 은행 등 금융기관에서 빌린 돈, 신용카드로 물건을 산 뒤 아직 결제하지 않은 돈, 물건을 할부로 샀을 때 갚아야 할 잔액 등을 모두 합한 것이죠. 가계가 빚을 지는 이유는 다양합니다. 가계 부채 중 가장 큰 것은 주택 담보 대출입니다. 집은 워낙 비싸기 때문에 현재 갖고 있는 돈으로만 사는 경우는 매우 드물기 때문이죠. 따라서 대부분의 사람들이 은행에 빚을 내 집을 삽니다. 자동차 역시 마찬가지입니다. 자동차를 살 때 현금으로 그 값을 모두 치르고 사는 경우도 드뭅니다. 역시 빚을 내고 사는 것입니다. 그 외에도 생활비가 모자라 대출을 받고 일상생활을 영위하기 위해 신용카드를 씁니다. 종합하면, 가계가 빚을 지는 이유는 현재 가진 돈만으론 사기 어려운 물건이나 서비스를 이용하기 위해, 또 일상생활을 영위하기 위해서입니다.

지난해 우리나라 가계 부채는 1600조 원을 돌파했습니다. 사상 최대입니다. 일반인은 조 단위가 넘어가면 그 액수가 어느 정도인지 잘 체감하지 못합니다. 1600조 원이면 3000만 원짜리 자동차를 5300만 대 이상 살 수 있는 돈입니다. 그러니까 우리나라 국민 1인당 중형 승용차 1대씩 빚을 지고 있는 셈입니다. 국내총생산(GDP)에 거의 육박하는 빚이죠.

2007년 말까지만 해도 우리나라 가계부채 총액은 724조 원 정도였습니다. 그러나 2013년에 1019조 원을 기록하며 1000조 원을 돌파했고 2019년 마침내 1600조 원을 돌파했습니다. 10여 년 만에 두 배 이상 폭증한 것인데, 왜 이렇게 늘었을까요? 정상적인 사람이라면 빚이 늘어나는 걸 두려워하기 마련입니다. 게다가 생활비 등으로 큰 빚을 지지는 않습니다. 충분히 감당할 수 있는 범위 내에서 빚을 지죠. 그런데 이처럼 가계부채가 폭증한 건 바로 레버리지 효과에 대한 기대 때문입니다. 부동산 가격이 꾸준히 오르니 사람들이 부동산에 레버리지 투자를 한 것입니다.

대출이 부동산에 미치는 영향

부동산 시장에서의 부채 레버리지 효과는 생각보다 엄청난 결과를 가져오는데, 대부분 부정적인 결과입니다. 가상의 세계를 만들어 가정해 볼까요. 이 세계엔 두 부류의 사람들만 존재합니다. 낙관론자와 비관론자죠. 이 세계 시장에 100채의 똑같은 주택이 매물로 나왔습니다. 비관론자들은 주택 가격이 1억 2000만 원 정도라고 생각합니다. 반면에 낙관론자들은 주택 가격이 저평가되어 있으며 1억

5000만 원 정도가 적정하다고 믿고 있죠. 이때 집값은 어떻게 결정될까요?

가격은 낙관론자와 비관론자의 수로 결정됩니다. 낙관론자 수가 충분해 100채의 주택을 모두 살 수 있다면 주택 가격은 1억 2000만 원을 넘어 1억 5000만 원이 될 것입니다. 그러나 낙관론자 수가 충분치 않아 비관론자들이 주택을 사야 하는 상황이라면 주택 가격은 1억 2000만 원에 머물 것입니다. 시장 가격은 전체 매물이 소화될 수 있는 가장 낮은 가격에서 결정되기 때문입니다. 싼 집이 있는데 똑같은 집을 그보다 더 비싸게 주고 사는 바보는 없을 것입니다. 동일한 주택이라면 같은 가격에 팔려야 하는 게 원칙이죠.

여기서, 부채를 조달할 수 없는 세상을 가정해 볼까 합니다. 집을 사려면 집 가격 전부를 현금으로 지급해야 한다고 말입니다. 낙관론자들이 가진 총 현금이 30억 원이라고 해 볼까요. 이런 경우라면 이들이 구매할 수 있는 주택의 최대치는 25채뿐입니다. 주택 가격은 한 채당 1억 2000만 원이기 때문입니다. 이들이 매수를 하기 시작하면 주택 가격이 조금씩 상승할 것입니다. 그러나 시장 매물 전체를 살 수 없으니 주택 가격은 비관론자들이 매수하려고 하는 1억 2000만 원까지 다시 떨어질 수밖에 없죠. 결국 부채가 없는 세상이라면 수택 가격은 1억 2000만 원에 머물 것입니다. 닉관론자들이 최대 25채를 사게 되고 비관론자들은 남은 75채를 구매하게 됩니다.

그럼 부채를 조달할 수 있다면 주택 가격은 어떤 영향을 받게 될까요? 낙관론자들이 주택 가격의 80%에 이르는 돈을 빌릴 수 있다고 가정해 봅시다. 이는 주택 가격의 20%에 상당하는 현금만 있다면 집을 살 수 있다는 말과 같습니다. 돈을 빌릴 수가 있다면 낙관론자들의 구매력은 극적으로 늘어납니다. 현재 주택 가격이 1억 2000만 원이니 주택 1채당 9600만 원을 빌릴 수 있습니다. 그러니까 실제로 돈이 2400만 원만 있으면 집을 살 수 있는 것이죠.

부채 조달이 안 될 때는 30억 원으로 25채를 살 수 있었는데, 부채 조달이 가능해지는 순간 30억 원이면 125채까지 구매할 수 있게 됩니다. 주택 가격이 1억 5000만 원까지 오른다 해도 3000만 원만 있으면 살 수 있기 때문에 시장에 나온 매물 100채를 모두 소화할 수 있는 여력이 생깁니다.

부채가 가져다주는 구매력으로 시장에 매물로 나온 모든 주택을 살 수 있게 되는 것이죠. 부채가 끼어드는 순간 주택 가격은 낙관론자들이 기꺼이 지급하려는 금액으로 결정됩니다. 아마 이 세계에서도 부채 조달이 가능해지는 순간 주택 가격이 그 즉시 1억 5000만 원으로 오를 겁니다. 또한 낙관론자들이 시장의 모든 주택을 살 것입니다.

부채는 위 사례처럼 주택 가격을 높입니다. 주택 가격 상승의 연료 역할을 하는 것이죠. 문제는 그 이후입니다. 일단 주택 가격이 한 번 오르면 새로운 시장 참여자, 즉 투기꾼들이 모입니다. 부동산에 관심이 없던 사람들도 자고 나면 오르는 주택 가격을 보고 너도나도 부동산 시장으로 뛰어들게 됩니다. 본격적으로 거품이 시작되는 것입니다.

부채는 이처럼 거품을 만들 뿐만 아니라 일정 기간 이를 지속시킵니다. 부채에 대한 접근이 쉬워질수록, 다시 말해 돈 빌리기 좋은 환경이 될수록 낙관론자들은 더 많아집니다. 이것은 설사 더 높은 가격일지라도 자산을 구매할 '누군가'가 있을 거란 믿음을 강화하죠. 그 세력은 점점 커집니다. 이렇게 거품이 심해질 것이란 기대는 낙관론자에 더해 투기꾼들을 시장에 끌어들이는 요인이 됩니다.

부동산 시장을 포함한 자산 시장의 거품 생성은 신용 팽창, 즉 부채 확대가 가장 큰 원인입니다. 설사 비이성적이고 비합리적인 낙관론자가 다수여도 부채 조달이 불가능하면 거품은 생기지 않으며, 부채 조달이 쉬워질수록 거품을 막을 수 없게 되는 것입니다.

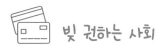

"영택아, 그렇게 낭비하지 말고 저축 좀 해!"
"야, 은행 이자 몇 푼이나 한다고 저축을 하냐? 그냥 나를 위해 쓰는 게 남는 거야."

경기가 둔화 국면으로 접어들면 정부와 중앙은행은 부채 접근성을 높이는 정책을 추진합니다. 즉 금리를 내리거나 대출 조건을 완화하는 것이죠. 모두 경기를 부양하기 위해서입니다.

앞서 설명했듯, 경기가 살아나려면 소비와 투자가 늘어야 합니다. 주머니가 두둑해야 소비가 늘고 투자가 증가하겠지요. 금리 인하는 화폐 공급을 늘리고 돈의 값어치를 떨어뜨립니다. 그런데 돈의 가치가 지속적으로 하락한다면 돈을 들고 있는 사람은 손해를 보게 됩니다. 금리가 높을 때는 은행에 예금을 하거나 돈을 빌려주고 높은 이자를 받을 수 있었습니다. 그런데 금리가 낮아지면 수입이 줄어드는 셈이니, 돈의 값어치가 하락하는데도 그 돈을 마냥 들고 있을 사람은 거의 없을 것입니다. 결국 가격이 오르는 뭔가를 사게 되는데요. 돈을 소비와 투자에 쓰게 되는 것이죠. 이는 결국 경기 부양에 긍정적으로 작용하게 됩니다.

그렇다면 돈의 가치가 내려갈 때 사람들은 어디에 돈을 쓸까요? 부채 조달이 쉽다면, 이른바 원할 때 돈을 쉽게 빌릴 수 있는 환경이라면 그동안 미뤄왔던 소비를 하게 될 것입니다. 특히, 금리가 내려가는 저금리 환경이 되면 이런 소비는 늘어날 수 있죠. 무엇보다 고가의 내구재에 대한 소비가 늘 수 있습니다. 자동차나 주택 구입 등이 일반적입니다. 10% 금리로 돈을 빌릴 때와 2% 금리로 돈을 빌릴 때 차이는 엄청납니다. 가령 1억 원을 빌릴 때 10% 금리라면 연 1000만 원의 이자를 부담해야 하지만 2%로 빌리게 되면 200만 원으로 줄어듭니다. 부담해야 하는 이자가 5분의 1로 감소하였으니 빚을 내야만 살 수 있던 고가 제품의 수요가 늘어나게 되는 것입니다.

또한, 일반적으로 부채 접근성이 쉬워질수록 전체 소비가 늘어나는 경향을 보입니다. 해외여행도, 성형수술도 더 많이 합니다. 이자 부담이 적으니 빚을 내서라도 일단 소비하자는 생각을 하게 되는 것이 일반적입니다.

돌아야 돈이다

중앙은행은 경기를 살리려 저금리 정책을 쓰지만 의외로 작동하지 않을 수가 있습니다. 금리를 내린다고 누구나 빚을 내 소비와 투자에 쓰는 건 아니니까요. 아무리 금리를 내려도 소비와 투자가 살아나지 않는 상태가 지속될 수 있습니다. 경제주체인 가계와 기업이 돈을 움켜쥐고 쓰지 않는 현상, 시장엔 현금이 흘러넘쳐 구하기 쉬운데도 기업의 투자와 가계의 소비가 늘지 않아 경기가 회복되지 않는 현상이 나타날 수 있는 것이죠. 이를 보통 경제가 '유동성 함정'에 빠졌다고 합니다.

혈액이 잘 돌지 않으면 몸에 문제가 발생하는 것처럼 돈이 돌지 않으면 경기가 나빠질 수밖에 없습니다. 소비를 위해 쓰이고 투자에 사용되어야 부가가치가 창출됩니다. 돈이 풍부한데 돌지 않는 현상을 '유동성 함정'이라 합니다. 이 용어를 제일 처음 사용한 사람이 그 유명한 경제학자 존 메이나드 케인스입니다.

1930년대 미국은 대공황에 시달렸습니다. 이때 중앙은행이 금리를 내려 돈을 풀었죠. 하지만 경제주체들이 돈을 움켜쥐고 내놓지 않아 경기가 살아나지 않았습니다. 케인스는 이런 현상을 보면서 돈이 함정에 빠진 것과 같다고 '유동성 함정'이라 명명했습니다.

유동성 함정이 발생하는 이유는 명확합니다. 앞에서 설명했듯 경제주체들이 미래를 낙관하지 못해서죠. 기업은 전망이 좋은, 투자할 가치가 있는 사업에 투자합니다. 삼성전자가 반도체 공장을 확장하는 때는 반도체 호황이 예상될 때이겠지요. 앞으로 치킨이 잘 팔릴 것이란 전망이 없다면 치킨집을 열 수 없는 것처럼, 아무리 빚을 내기 좋은 저금리 상황이라도 미래 사업 전망이 불투명하다면 사람들은 투자를 하지 않습니다. 망할 가능성이 높으니까요.

일반 가정에서도 역시 앞으로의 경제 전망이 불투명할 때 쉽사리 돈을 쓰지 않으려 합니다. 경기 악화는 일반적으로 가계 수입 감소로 이어지고 수입 감소는 지출의 감소로 이어집니다. 경기는 그렇게 악순환에 빠지게 되는 것입니다.

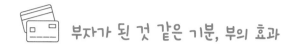

부자가 된 것 같은 기분, 부의 효과

"영택아, 금리도 싼데 은행에서 돈을 빌려 치킨집 차리는 건 어때? 나랑 동업하자!"

"미쳤냐? 요즘 같은 불황에 장사는 무슨 장사? 차라리 돈을 빌려 주식 투자를 하지."

유동성 함정으로 실물경제는 좀처럼 회복되지 않는데도 중앙은행은 금리를 낮춥니다. 역시 이유가 다 있습니다. 소비와 투자를 촉진하기 위한 목적 이외에도 금리 인하로 인한 '부의 효과(wealth effect)'를 기대하기 때문입니다.

금리가 하락한다는 얘기는 돈의 값어치가 싸진다는 얘기입니다. 돈의 가치가 하락하면 돈이 있는 사람들은 당연히 돈의 가치를 지키려 하겠지요. 금리를 내리기 전에는 정기예금으로 연 5% 이자를 받았는데 금리가 내려가서 2%가 됐다면 자연히 돈을 가진 예금주들은 손해를 보고 있다고 느끼게 될 것입니다. 결국 이들은 돈의 가치를 지키려 여러 방법을 궁리하게 됩니다.

경기가 안 좋으니 사업을 하는 건 위험 부담이 너무 크겠지요. 이때 가장 일반적인 선택은 가격이 올라가고 있는, 혹은 오를 가능성이 큰 자산에 투자하는 것입니다. 저금리 상황에서 주식이나 부동산 혹은 금과 같은 자산으로 돈이 몰리게 되는 이유가 바로 이것입니다.

자산 시장이 오름세를 보이면 설사 자기 돈이 없더라도 빚을 내투자하는 사람들이 늘어나게 됩니다. 저금리로 돈을 빌렸기 때문에 투자 수익을 거두기가 쉽다고 생각하기 때문이죠. 이것이 2008년 금융 위기 이후 실물경제가 좀처럼 살아나지 않고 있는데도 불구하고 세계의 주식시장과 부동산 시장이 폭등한 이유입니다.

'집값이 오르면 돈을 더 많이 쓰겠지?'

중앙은행은 의도적으로 자산 가격을 높이려 합니다. 즉 '자산 인플레이션'을 유도하는 것이죠. 목적은 '부의 효과', 주식이나 부동산 같은 자산 가격이 상승하면 부자가 된 느낌에 돈을 더 소비하게 되고 결국 이것이 경제를 자극할 것이란 기대 때문입니다.

영택이 아버지는 5억 원에 산 아파트 가격이 최근 8억 원으로 오르자 자동차를 바꿨다. 영택이에게도 멋진 운동화를 사 줬다. 이번 여름방학에는 온 가족이 꿈에 그리던 하와이로 9박 10일 여행을 가기로 했다.

집을 팔아 현금을 손에 쥔 것은 아니지만 불과 3년 만에 집값이 3억 원이나 올랐기 때문이다. 매년 1억 정도 번 셈이니 이 정도 소비는 별거 아니라고 생각한다.

앞에서 예로 든 영택이 아버지처럼 자산 가격이 오르면 소비를 늘리는 사람들이 많습니다. 소비가 늘면 기업의 상황이 좋아지니 투자가 늘고 이는 결국 호황으로 연결됩니다. 이게 바로 '부의 효과'입니다.

물가를 안정시켜라! 중앙은행의 임무

중앙은행이 돈을 푸는 까닭은 경기를 살리기 위함이라고 설명했습니다. 그런데 우려되는 게 있죠. 돈을 풀수록 물가 상승, 즉 인플레이션이 일어날 가능성이 커진다는 것입니다. 현대 경제에서 중앙은행은 핵심적인 역할을 수행하는데요. 그중 가장 중요한 것이 바로 물가 관리입니다.

중앙은행은 왜 물가를 관리해야만 하는 걸까요? 기본적으로 중앙은행은 경제의 모양을 바꿀 수 있는 '어떤' 권한을 갖고 있습니다. 그것은 바로 '발권력' 즉 돈을 찍어낼 수 있는 권한입니다. 동시에 기준 금리를 결정하는 통화 정책을 관장하죠. 이 두 권한은 시중 통화량에 직접적인 영향을 끼칩니다. 쉽게 설명하면, 시중에 유통되는 돈의 양을 조절할 수 있는 설대 권력을 가졌다고 할 수 있겠습니다.

그런데 우리 모두 알다시피 시중에 유통되는 돈의 양이 얼마나 되느냐는 물가에 직접적인 영향을 미칩니다. 돈의 공급이 늘어났다고 가정해 봅시다. 유통되는 돈의 양, 사람들이 갖고 있는 돈의 양이 많아진 상황입니다. 돈이 많으니 더 많이 쓰게 될 것입니다. 소비의 증가죠. 그동안 살 수 없었던 운동화도 사고 치킨도 사 먹게 됩니다. 자동차도 사고 가전제품도 사게 됩니다. 사람들이 돈을 많이 쓰다 보니 소비재의 전체 수요가 증가하고, 수요가 증가하니 가격이 오릅니다.

반대로 중앙은행이 긴축, 즉 시중에서 돈을 거둬들이기 시작하면 어떻게 될까요. 당연히 소비재의 수요가 감소하게 될 것이고 수요가 감소하니 가격이 내려가게 될 것입니다. 2019년 7월, 일본의 느닷없는 경제 보복으로 국내에서 일본 제품 불매 운동이 시작됐습니다. 자연스레 일본 제품에 대한 수요가 줄자 일본 회사들은 대폭 할인 판매에 나섰죠. 이처럼 수요가 줄면 가격이 떨어지는 게 일반적이라고 할 수 있습니다.

물가 안정은 국가의 중요 책무입니다. 물가가 불안정하면 국민들의 삶은 고단해질뿐더러 국가 경제 운용은 타격을 받게 됩니다. 몇 년 전부터 베네수엘라는 하이퍼 인플레이션을 겪고 있습니다. 자고 일어나면 생필품 가격이 몇 배씩 뛰었고, 사람들이 물건을 시장에 내놓지 않는 상황에 처한 것입니다. 물건을 판매한 돈이 자고 일어나면 휴지가 되는데 누가 물건을 팔려고 할까요. 결국 시중에 식량과 의약품 등 생필품이 자취를 감췄습니다. 이런 상황에서 결국 베네수엘라의 국민 중 무려 300만 명 정도가 국경을 넘어 해외로 떠난 것으로 알려졌습니다.

왜 물가가 오르지 않지?

그런데 놀랍게도, 화폐 공급 증가가 물가 상승을 불러오지 않는 경우도 있습니다. 2008년 금융 위기 이후 각국의 중앙은행에서 '제로 금리'와 '양적 완화'를 통해 천문학적인 돈을 공급했으나 물가는 정체 상태이거나 오히려 하락하는 모습을 보였습니다. 당황스럽지만, 실제로 일어난 일입니다. 우리나라도 마찬가지였습니다. 오랜 시간 저금리 상태가 유지되고 있지만 이상하게 물가는 별로 오르지 않았습니다.

그런데 정말 돈을 풀었는데도 물가가 오르지 않은 걸까요? 아닙니다. 편견 없이 세상을 본다면 물가 상승이 없다고 단언할 수 없습니다. 재화의 가격은 오르는데, 공식적인 인플레이션 통계에 잡히지 않는 시장이 있습니다. 바로, 높은 오름세가 지속되고 있는 '자산 시장'입니다.

미국의 주식시장은 계속해서 사상 최고치를 갈아 치우고 있습니다. 유럽도 침체 상황이지만, 유독 주식시장 등 자산 시장만 호황이죠. 일본 역시 양적 완화를 시행하면서 바닥 수준이던 주가가 상당히 올랐습니다. 우리나라도 예외는 아닙니다. 2008년 10월 말 금융위기 직격탄을 맞은 코스피 지수는 900 정도 수준이었는데요. 2020년 현재 2000을 넘는 상태가 유지되고 있습니다. 100% 이상 오른 것이죠. 부동산은 또 어떤가요. 미국의 주택 시장은 캘리포니아와 같은 일부 지역에선 금융 위기 직전의 고점을 이미 넘어선 상황입니다. 한국도 서울 전역과 수도권 일부 지역에서 폭등 양상을 보이고 있죠.

인플레이션이 없는 게 아닙니다. 다만 통계에 잡히지 않는 곳에서 발생하고 있는 것입니다. 돈을 풀면 반드시 어딘가에서 가격이 오릅니다. '숨어' 있을 뿐, 자산 가격의 폭등도 분명 인플레이션입니다. 경제가 어렵다고 하는 2020년 현재에도 주식, 부동산, 채권시장 등은 강세를 보이고 있습니다.

이는 물론 중앙은행의 통화 팽창 정책 때문입니다. 그런데 이에 대해서 누구도 불평하지 않습니다. 집값이 상승하고 주식이 오르면 좋아하는 게 일반적이죠. 자산을 가진 사람들만 이익을 보는 상황인데도 별다른 불만을 토로하지도 않고, 물가가 상승하는 가격 인플레이션처럼 위험하다고 생각하지도 않습니다. 그런데 알고 보면 그 폐해는 심각합니다. 이것이 결국 디플레이션을 낳기 때문이죠.

대공황이 또 올 수도 있다고?

중앙은행이 의도한 부의 효과는 성공한다 해도 엄청난 부작용을 남깁니다. 게다가 최근에 발표되고 있는 수많은 학술 논문에서 부의 효과를 부정하고 있죠. 자산 가격 상승은 상당 기간 지속되며 마침내 '버블'로 발전하게 됩니다. '버블 현상'이란 투자, 생산 등 실물경제의 활발한 움직임이 없는데도 부동산 투기가 심해지고 증권시장이 과열되는 등 돈의 흐름이 활발해지는 현상을 말합니다. 경제는 불황인데 유독 자산 시장만 활기를 띠는 것이죠. 문제는 버블은 언젠가 반드시 터진다는 것입니다.

버블이 터지면 자산 가격 디플레이션이 현실화됩니다. 우리는 이를 보통 '베어 마켓(약세장)'이라 부릅니다. 상승하던 자산 가격이 하락하는 현상을 말하죠. 그러니까 주식이나 집의 가격이 시속적으로 하락할 때를 베어 마켓이라고 하는데, 베어 마켓은 곧 경기 후퇴를 불러옵니다. 경기 후퇴가 베어 마켓을 낳는 게 아니라 베어 마켓 자체가 경기 후퇴를 만들어 내죠. 2008년의 금융 위기 때도 주식시장과 부동산 시장이 먼저 붕괴하면서 실물경제의 불황이 시작됐습니다.

중앙은행의 의도적 자산 시장 부양이 그래서 위험한 것입니다. 앞에서 중앙은행은 금리를 내리고 양적 완화를 시행한다고 설명했습니다. 소비와 투자의 확대를 위한 고육책으로 말이죠. 하지만 경기 침체 시에 소비와 투자 욕구는 위축된다고도 설명했습니다. 소비자는 부채를 갚느라 분주하고 기업은 얼어붙은 소비에 감히 생산적인 투자를 생각하지 못하죠. 결국 중앙은행이 공급한 돈은 그저 자산 시장에 몰릴 뿐입니다. 결국 경기가 회복되지 않으면서 기업의 수익성은 나날이 하락하고 임금은 내려가고 실업률은 높아지게 되는 것이죠. 결국 전체 소비의 위축으로 디플레이션이 가시화되고 이에 부정적 나선 효과가 더해져 마침내 깊은 침체로 이어지게 되는 것입니다. 바로 일본의 '잃어버린 20년', 유럽의 오늘이 그렇습니다.

현대의 세계 경제는 부채에 크게 의존하고 있습니다. 가계는 돈을 빌려 소비하고 기업은 돈을 빌려 투자하죠. 소비와 생산, 투자 주체 대부분이 빚을 지고 있습니다. 그렇다고 부채를 영원히 늘릴 수는 없겠죠. 이것이 문제입니다. 현대 경제는 부채 '슈퍼사이클'의 끝에 와 있습니다.

지난 수십 년 동안 세계는 저축의 시대에서 부채 소비 시대로 급속히 변화했습니다. 거대한 신용카드를 발급받아 외상으로 소비하며 살아온 셈이죠. 개인만이 아니라 기업, 정부를 포함한 모든 경제

주체가 부채란 스테로이드를 맞으며 성장해 왔습니다. 이제 그 대가를 지불해야 할 시점입니다. 모든 경제주체들이 빌릴 수 있는 한 최대로 빌려 쓴 상황이니까요. 부채는 이제 강력한 스테로이드가 될 수 없습니다. 우리가 현재 목격하고 있는 모습입니다.

경기가 안 좋을 때 중앙은행이 돈을 풀어 인위적으로 유발한 자산 가격 상승과 그로 인해 발생한 부의 효과 때문에 경제가 잠시 회복되는 듯 보일 수 있습니다. 거듭 말하지만, 문제는 이런 효과가 지속적이지 않다는 데 있습니다. 부채를 무한정 확대할 수도 없고, 담보물 이상 발행할 수도 없습니다. 우리의 자원이 유한한 것처럼 담보물 역시 유한하죠. 결국 부채 혹은 신용 또한 유한할 수밖에 없습니다. 부채를 담을 수 있는 그릇은 유한한데 마냥 커지면 어떻게 될까요. 깨질 수밖에요. 바로 이것이 부채 위기라 말하는 '빚의 폭발'입니다.

공황의 전조, 디플레이션

한국은 짧은 시간 동안 고도성장을 이룩했습니다. 물론 물가도 더불어 고공행진을 했죠. 그때만 해도 으레 물가는 오르기만 하는 건 줄 알았습니다. 그렇기에 2008년 금융 위기 이후의 저성장과 저물가 현상은 우리에게 낯설 수밖에 없습니다. 물론 저물가, 저성장 현상을 우리만 겪고 있는 것은 아닙니다. 지구촌 선진국들 대부분이 겪고 있는 현상이죠. 그 때문일까요. 2020년 현재 가장 뜨겁게 회자

되고 있는 경제용어가 바로 '디플레이션'입니다.

세계 어디라 할 것 없이 물가 하락세가 일반화되고 있습니다. 언론은 이 현상을 마치 경제적 파국이 가까이 온 것처럼 과장해 보도하기도 합니다. 이해는 갑니다. 세계 경제는 일본 등 극소수의 국가를 빼곤 1940년대 이래 디플레이션을 경험한 적이 없습니다. 익숙하지 않은 생소한 풍경이니 두려울 수밖에 없죠.

어느새 디플레이션은 반드시 물리쳐야 할 '악'으로 상정되었습니다. '무슨 짓을 해서든' 물가 하락세를 막고 오름세로 반전시켜야 한다고 목소리를 높입니다. 실패하면 그 자체로 죄인입니다. 세계의 중앙은행엔 비상이 걸렸습니다. 중앙은행은 디플레이션 방어가 그들의 존재 이유인 양 행동합니다. 2% 인플레이션에는 별거 아니라는 듯한 모습을 보이면서 2% 디플레이션에는 히스테릭한 반응을 보입니다. 1%라도 물가가 떨어지면 금방이라도 경제가 무너질 것처럼 야단을 떠는 것이죠. 왜일까요?

디플레이션은 '경제성장'이란 현대 경제의 패러다임을 근본부터 무너뜨립니다. 성장은 특정 경제의 산출 가치가 얼마나 되느냐로 측정하는데, 이때 인플레이션 현상이 발생하면 산출물의 가격이 오르기 때문에 결국 '성장'으로 연결됩니다. 반면, 디플레이션은 마이너스 성장을 의미할 수밖에 없죠. 산출물의 가격이 내려가기 때문에 말입니다.

게다가 디플레이션이 심해질수록 부채의 크기가 상대적으로 커집니다. 무슨 말이냐고요? 100만 원의 부채가 있다고 가정해 봅시다. 인플레이션은 화폐가치가 하락하는 현상을 말하죠. 어제 1000원 하던 바나나 가격이 오늘 1100원으로 올랐다면 1000원의 가치는 그만큼 하락한 것입니다. 그런데 부채인 100만 원은 그대로인 상황이죠. 즉 인플레이션이 발생하면 상대적으로 갚아야 하는 부채의 크기가 줄었다고 할 수 있는 것입니다. 100만 원의 실제 가치가 하락했으니까요. 반면, 디플레이션이란 화폐가치 상승을 뜻합니다. 바나나 가격이 어제 1000원에서 900원으로 내렸다면 내 돈의 가치는 그만큼 높아진 것입니다. 이 경우에도 부채 100만 원은 그대로죠. 그러니까 디플레이션 상황이라면 갚아야 할 부채의 크기가 상대적으로 커진 것입니다. 100만 원의 실제 가치가 높아졌으니 말입니다. 따라서 디플레이션은 부채를 기반으로 성장한 현대 경제에겐 치명타입니다. 부채 총액은 그대로라도 상대적으로 갚아야 할 부채 크기가 커진 것과 같으니까요.

오늘의 세계는 부채란 거대한 대양 위에 떠 있는 섬과도 같습니다. 이런 상황에서 가만히 앉아만 있어도 부채의 상대적 크기가 커지는 디플레이션 상황은 끔찍할 수밖에 없습니다. 디플레이션은 특히 정부에 악몽이 됩니다. 당장 성장률이 하락하면 세금이 덜 걷히니 세수가 줄어들 것입니다. 또한 기업에도 악몽입니다. 물가가 하락한다는 얘기는 생산물이 소비되지 않는다는 것을 뜻하니까요. 아마 매출이 감소하고 재고가 늘어나게 될 것입니다. 결론적으로 디플레이션은 과잉 생산물을 처리해야 할 자본가, 기득권에겐 공포의 대상일 수밖에 없습니다.

결국 디플레이션은 공황을 부릅니다. 생산한 제품이 팔리지 않고 물가가 떨어진다면 수많은 회사가 파산하고 그 여파로 이 회사들에 돈을 빌려준 은행도 문을 닫아야 하는 상황이 올 것입니다. 1930년대 대공황과 2008년의 금융 위기 때처럼 말입니다.

세계 경제가 위험해!

"역사적으로 보면 높은 수준의 부채는 그것이 공공 부채든 민간 부채든 상관없이 성장을 지체시켰으며 금융 위기의 위험성을 높였다. 이로 인해 깊은 침체가 발생했다." 진보 색채가 짙은 경제 연구소의 분석으로 보이나요? 그런데 아닙니다. 세계적으로 유명한 컨설팅 회사인 '맥킨지'의 분석이죠. 이는 오늘날 중앙은행의 통화정책을 정면으로 반박했다고 할 수 있습니다. 금리를 제로금리까지 내려, 다시 말해 부채 팽창을 통해 경기를 진작시키려는 중앙은행의 통화정책은 금융 위기의 발생 가능성을 높인다는 말이니까요. 일시적인 경기 부양은 가능하겠지만 결국 침체를 불러올 수밖에 없다는 비판입니다.

금융 위기란 금융에서 비롯된 경제 위기를 말합니다. 금융을 통제하고 관리하는 기능은 정부와 중앙은행의 몫이죠. 따라서 금융 위기는 정부와 중앙은행의 책임이라 할 수 있습니다. 문제는 금융을 잘못 통제하거나 관리한 여파가 궁극적으로 실물경제를 파괴해 회복까지 매우 오랜 시간이 걸릴뿐더러 이로 인해 국민들에게 극심한 고통이 따른다는 데 있습니다. 또한 오늘의 세계 경제는 그물망처럼 서로 얽히고설켜 특정 국가의 금융 위기는 해당 국가만의 문제로 끝나지 않죠. 세계 거의 모든 국가가 그 영향을 받게 됩니다. 특히, 덩치가 큰 국가의 금융 위기는 세계로 전염됩니다. 2008년 미국발 금융 위기가 대표적입니다. 2020년 현재까지도 세계는 그 후유증으로 고통을 받고 있습니다.

무분별한 대출의 결과

2008년 금융 위기의 실체에 접근하기 위해서는 주택 담보 대출에 대해서 알아야 합니다. 앞서, 자신의 돈만으로 주택을 구입하는 사람은 극소수라고 말했습니다. 이는 미국도 마찬가지였습니다. 기본적으로 주택은 세계 어느 나라나 보통 사람의 저축만으론 살 수 없을 정도로 고가이기 때문에 당연한 일입니다. 결국 집을 사는 사람 대부분이 은행 대출에 의지했습니다.

이때 은행은 신용 평가를 통해 대출을 해주는 게 일반적인데요. 빚을 갚을 수 있을 정도의 충분한 소득이 있는 사람에게만 대출을 해 주었다면 아무런 문제가 없었겠죠. 그런데 은행이 수익을 더 올리기 위해 신용 평가를 등한시하게 됩니다. 신용 등급이 낮은 사람에게 무분별하게 대출을 해 준 것이죠. 어떤 결과가 따라올까요? 집값이 오르는 시기에는 별다른 문제가 되지 않았습니다. 설사 대출을 받은 사람이 은행 빚을 갚지 못한다 해도 은행 입장에선 담보로 잡은 집을 경매에 넘겨 대출금을 회수하면 되기 때문이죠.

문제는 오르던 집값이 하락할 때 발생했습니다. 일반적으로 집값이 하락하는 시기에는 매수세가 확 줄어듭니다. 대출을 받은 사람이 상환을 하지 못해 경매에 넘기려 해도 집이 팔리지 않는 것이죠. 팔린다 해도 대출 원금을 회수할 수 있다는 보장도 없습니다. 결국 은행이 손해를 보게 되었습니다. 신용이 낮은 사람에 대한 대출이 많을수록 이런 손해가 커질 수밖에 없습니다. 마침내 손실이 천문학적인 금액에 달하게 되고 은행이 파산하게 됩니다. 이것이 2008년 금융 위기의 전말입니다.

2008년 금융 위기는 왜 발생했는가

2008년 금융 위기는 주택 시장의 버블에서 비롯됐다고 할 수 있습니다. 그렇다면 당시 미국 주택 시장은 왜 버블에 휩싸이게 된 것일까요? 사건의 시작은 '닷컴버블'이라고도 불리는 2000년 초반 IT 버블의 붕괴로 거슬러 올라갑니다.

1990년대 말부터 2000년 초반, 인터넷 기업들이 우후죽순 생겨났습니다. 구글이나 아마존, 네이버, 다음과 같은 기업들이 대부분 이 시기 만들어져 지금의 거대 기업이 된 것이죠.

당시 인터넷 기업들의 가치는 상상을 초월했습니다. 인터넷 기업이라고만 하면 수십, 수백 배의 프리미엄이 붙어 높은 가격에 거래됐습니다. 과장을 조금 보태, 세상의 모든 돈이 인터넷 기업으로 몰려드는 추세였다고 할까요? 당연히 이 기업들 중 상당수는 수익성이 검증되지 않은 설익은 기업들이었습니다. 하지만, 시장은 개의치 않았습니다. 검증되지 않은 기업들에 돈이 몰렸고 이 기업들의 가치는 뻥튀기처럼 부풀어 올랐습니다. 그러나 시장은 냉정합니다. 언젠가는 제자리를 찾는 게 시장이죠. 이러한 인터넷 기업의 버블은 2000년 초에 마침내 꺼지기 시작합니다.

이에 일순간 세계 경제가 곤두박질쳤습니다. 게다가 9·11테러까지 겹치면서 미국 경제를 포함해 전 세계 경제가 침체를 겪게 되죠. 2001년 미국의 기준 금리는 6%에 달했는데요. 침체가 시작되자 미국의 중앙은행은 경기를 살리기 위해 금리를 내리기 시작했습니다. 금리는 꾸준히 내려갔고 2004년 마침내 1%대까지 내려갑니다.

1990년대 중반 이후 미국은 주택 구입 수요가 매우 증가한 상황이었습니다. 미국 중앙은행의 금리 인하는 여기에 불을 붙였죠. 주택 구입 열기가 확산되면서 주택 가격이 오르기 시작했습니다. 그리고 이러한 오름세가 다시 주택 구입을 부추기는 불쏘시개 역할을 했습니다. 이에 금융기관들이 앞다투어 주택 구입 자금을 대출해 주었고, 결국 우량 신용 등급 고객들 대부분이 대출을 받아 집을 사게 됐습니다.

이제 은행은 돈을 더 빌려주고 싶어도 고객이 부족해 더는 빌려줄 수 없는 상황이 되었습니다. 이때 은행들이 찾은 활로가 바로 최상위 등급인 프라임(prime) 고객에게만 해 주던 대출을 비(非)우량 신용 등급(subprime) 고객에게까지 확대하는 것이었습니다. 대출 세일 경쟁이 격화되었고 은행늘은 신용 등급이 낮은 사람에게까지 큰돈을 대출해 주기 시작합니다. 직장이 없는 사람, 하다못해 노숙자들에게까지 대출을 해 주기 시작한 것이죠.

사람들은 너도나도 대출을 받아 집을 샀습니다. 부동산 가격이 폭등하고 있던 상황이었기에 은행은 대출을 더 늘렸고 마땅한 소득이 없는 사람들도 자고 일어나면 집값이 오르니, 은행 이자를 갚고도 많은 수익이 날 거라는 생각에 돈을 빌려 집을 샀습니다. 집이 없던 사람도 집을 갖게 되었고 그렇게 산 집의 가격이 오르기까지 했으니 모두가 행복했습니다. 하지만 파티는 곧 무섭도록 싱겁게 끝이 납니다.

파티의 끝

미국 중앙은행은 부동산 거품이 심상치 않다는 걸 느꼈습니다. 미국 금융기관의 무분별한 대출 행태도 중앙은행의 우려를 키웠죠. 이에 미국 중앙은행인 연방준비제도이사회는 기준 금리를 마침내 올리기 시작했습니다. 2004년 1% 정도였던 기준금리는 2008년 금융 위기 발발 직전에 5%대로 높아졌습니다.

이에 투자자들은 서서히 부동산 시장에서 탈출했습니다. 은행 예금 금리가 높아졌으니 불안한 부동산을 팔아 은행에 예금을 하는 게 낫다고 판단한 것이죠. 대출 금리도 덩달아 오르자 돈을 빌리는 게 힘들어졌고 빌리려는 사람도 줄어들게 됐습니다. 결국, 빚을 내 부동산을 매수하려는 움직임은 감소했고, 은행 금리가 높아지자 이자를 감당하지 못해 집을 팔려는 사람들이 속출했습니다. 부동산 수요는 갈수록 줄어드는데 팔려는 사람만 늘어나니 부동산 가격이 하락할 수밖에 없게 된 것이죠.

신용 등급이 낮은 서브프라임 등급 채무자들의 발등에 불이 떨어진 셈이 되었습니다. 일반적으로 신용 등급이 낮으면 높은 사람보다 대출 금리가 높습니다. 서브프라임 등급의 채무자들 역시 높은 이자를 주고 돈을 빌렸습니다. 그런데 기준 금리까지 오르니 대출 이자가 감당할 수 없을 정도로 커졌습니다. 이자를 충분히 감당할 수 있을 정도로 집값이 오르기라도 했다면 최악의 상황은 피할 수 있었겠지만, 집값마저 떨어지는 상황이 됐으니 이들은 기댈 곳이 없게 됐습니다.

유일한 방법은 하루라도 빨리 남들보다 먼저 집을 팔고 부동산 시장에서 탈출하는 것이었는데요. 이것도 거의 불가능에 가까웠습니다. 너도나도 부동산 시장에서 빠져나오려 했기 때문이죠. 결국 남들보다 먼저 파는 방법은 급매, 즉 가격을 다른 사람보다 더 낮춰 파는 방법뿐이었습니다. 하지만, 누군가가 가격을 낮추면 다른 사람은 그보다 더 낮은 가격을 부르게 되니, 폭락이 폭락을 부르는 최악의 상황이 연출되기 시작합니다.

결국 주택 담보 대출을 받은 사람들의 파산이 먼저 시작됩니다. 특히, 부실 등급이었던 서브프라임 등급 채무자의 상황은 최악이었죠. 당연히, 은행도 위험해졌습니다. 대출을 받은 사람들이 원리금 상환을 제때 못 하니 은행 대출은 급격히 부실화했습니다. 집값이 폭락하여 담보로 잡은 집을 처리하는 것도 여의치 않았기 때문에 은행은 빌려준 원금에도 미치지 못하는 돈만 겨우 되찾을 수 있었습니다.

이것이 곧바로 미국 은행의 위기로 이어집니다. 조그만 은행들이 파산을 시작해, 무려 157년 역사를 가진 '리먼 브라더스'란 대형 투자은행이 2008년 9월부로 마침내 문을 닫습니다. 미국의 4대 투자은행 중 하나였는데, 한순간에 6700억 달러 규모의 파산 신청을 한 것이죠. 우리나라 돈으로 700조 원 정도되는 금액인데요. 참고로 2008년 우리나라의 1년 예산이 약 257조 원이었습니다. 우리나라 1년 예산의 3배에 이르는 큰돈이 공중으로 날아간 것이죠.

리먼 브라더스의 파산은 해당 은행의 문제로 끝난 게 아니었습니다. 이 사태는 곧 전 세계로 번져 나갔습니다. 미국의 금융 상품은 미국 은행들만 투자한 게 아니었습니다. 전 세계 금융기관들이 고수익을 좇아 이 상품들에 투자한 상황이었죠. 유럽, 아시아 등 세계 거의 모든 금융기관이 충격을 함께 받게 되었습니다. 동시에 금융기관의 신용 거래마저 얼어붙었습니다. 어떤 은행이 망할지 모르는 상황, 불확실성이 커지면서 은행 간 돈 거래도 쉽지 않게 됐습니다. 자연스레 부실 은행은 돈을 빌리는 게 여의치 않게 됐고, 빌린다고 해도 과거에 비해 훨씬 높은 이자를 부담하게 됐습니다. 은행이 위험해지면서 은행의 신용 창출 기능마저 얼어붙었습니다. 은행은 대출을 꺼리게 됐고 이는 자금이 필요한 기업과 가계의 위기를 불러 왔습니다. 이는 곧 경기 침체를 뜻했습니다.

미국 투자은행의 파산은 일시에 전 세계 경제를 침체로 몰아넣었습니다. 전 세계 자산 시장의 폭락이었죠. 주식시장은 연일 급락했고 부동산 시장은 얼어붙었습니다. 당시 중국, 호주, 한국을 제외한 거의 모든 나라가 마이너스 성장을 기록했습니다. 미국발 금융 위기가 쓰나미처럼 전 세계를 덮친 것이죠.

2008년 금융 위기의 여파는 10년도 더 지난 현재까지도 세계 경제에 먹구름을 드리우고 있습니다. 세계 각국은 그 어두운 터널에서 벗어나려 애를 쓰고 있지만 여전히 저성장의 늪에서 빠져나오지 못하고 있습니다.

2008년 금융 위기를 초래한 것은 무분별한 부채 확대 정책이었습니다. 은행과 대부 업체 들은 신용 등급이 낮은 채무자들에게 너무 쉽게 대출해 주었습니다. 은행이 많은 돈을 너무 쉽게 빌려주는 바람에 많은 사람들이 감당할 수 없는 수준의 빚을 지게 된 것이죠. 명목은 소비와 투자 확대를 위한 것이었지만 실제로 은행을 통해 대출된 돈은 자산 시장으로만 몰렸습니다.

그것이 무엇이든, 아무리 희귀한 것이라 해도 영원히 오르는 것은 이 세상에 존재하지 않습니다. 하지만 우리에겐 오르는 것을 사려는 욕망이 있죠. 금이든 주택이든 주식이든 가상화폐든 가격이 오를 때는 너도나도 그것을 사기 위해 매달립니다. 지금 사지 않으면 영원히 사지 못할 것 같은 불안감, 그리고 다들 사는 것 같은데 자신만 사지 않는 것 같은 불안한 고립감이 우리의 등을 떠밉니다. 친구들 대부분이 입고 있는 브랜드 옷을 나만 갖고 있지 않다면 혼자 동떨어진 것만 같은 불안감을 느끼기 마련이죠. 이와 비슷합니다. 이때 대부분의 사람은 이미 많이 오른 무언가를 사기 위해 빚까지 냅니다. 하지만, 대중이 몰린다는 것은 경고등을 울리고 있는 것입니다.

너도나도 다 갖고 있는 옷은 매력이 떨어집니다. 패션 리더들은 다른 옷에 주목하겠죠. 자산 시장도 마찬가지입니다. 이른바 '스마트머니'들은 대중이 몰릴 때 자신들이 가진 것을 팔고 시장에서 빠져나옵니다. 하지만 대중은 이때 시장에 진입하죠. 결과는 언제나 참혹합니다. 누군가 사 줄 사람이 있을 때 시장은 호황을 누립니다. 그런데 너도나도 전부 시장에 참여한 상황이라면 어찌 될까요? 파는 사람만 있고 사는 사람은 없는 시장이 되니 폭락의 상황으로 갈 수밖에 없습니다.

부채 팽창의 끝에서

금융기관과 정부, 중앙은행은 빚을 권합니다. 유혹이죠. 꿈꾸던 미래를 실현할 수 있을 것만 같습니다. 빚이 아니라면 감히 꿈꿀 수 없는 자동차도, 아파트도 지금 당장 내 것으로 만들 수 있습니다. 이러니 빚의 유혹에서 초연할 수 있는 사람은 그리 많지 않습니다. 그렇게 가계와 기업 등 경제 주체들은 어느새 빚의 덫에 빠지게 됩니다.

빌려 쓸 때는 모두가 행복합니다. 개인은 마음껏 소비를 하고 기업은 투자를 합니다. 하지만 빚은 언젠간 갚아야 합니다. 마냥 늘릴 수 없습니다. 가계와 기업이 빚을 갚기 시작하면, 또 빚을 갚기 위해 저축을 늘리기 시작하면 우리가 앞서 살펴본 것처럼 소비와 투자는 줄어들고 경기 둔화가 시작되겠지요. 경기가 둔화하기 시작하면 일자리가 줄어들고 기업의 수익성이 하락할 것입니다. 그렇게 수익이 감소한 경제주체들은 빚을 갚기가 더 힘들어질 수밖에 없습니다. 결국 은행의 수익마저 악화되고 금융 위기의 가능성이 커지는 것, 이것이 오늘날 금융 화폐 자본주의가 태생적으로 안고 있는 고질병입니다.

2008년 금융 위기는 부채가 얼마나 위험한 것인지를 웅변해 주고 있습니다. 그렇다면 10년이 흐른 지금 인류는 그 교훈을 받아들였을까요? 그렇지 않은 것 같습니다. 현재 전 세계는 오히려 그때보다 더 많은 부채에 휩싸여 있습니다. 과연 인류 역사상 가장 크게 이루어진 오늘날의 부채 팽창은 어떤 결과를 가져올까요? 그 끝은 어떤 모양일까요? 2008년의 금융 위기가 다시 발생하지 않을 것이라는 믿음은 터무니없는 희망에 불과할 것입니다.

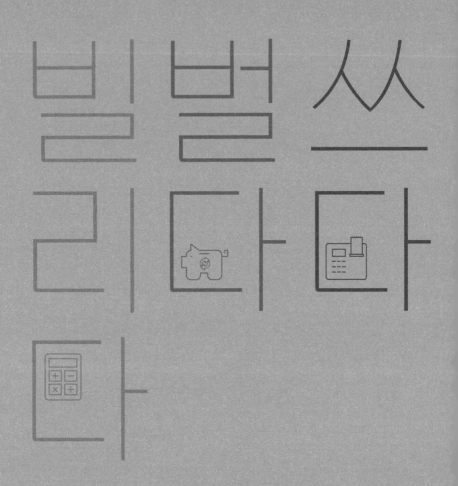

4부

내
다

pay money

pay
money

 세금을 걷는 중요한 이유 중 하나가 '소득재분배'입니다. 소득이 많은 사람에게 상대적으로 많은 세금을 걷고 그것을 복지 정책에 사용함으로써 생활의 격차를 줄이는 것이지요.

세금을 더 내고 싶어 하는 사람들

"미국 부자들이 세금을 더 내게 해 달라고 대선 후보들에게 편지를 보냈대!"
"정말? 믿을 수 있는 얘기야?"

올해는 미국의 대통령 선거가 있는 해입니다. 그런데 작년 아주 흥미로운 일이 있었습니다. 미국의 억만장자들이 자신들에게 부유세를 부과해 달라고 대선 주자들에게 공개서한을 보낸 것입니다. 이와 같은 요청을 한 억만장자 19명은 헤지펀드 운영자인 조지 소로스, 월트 디즈니의 손녀 아비게일 디즈니, 페이스북 공동 창업자인 크리스 휴즈 등 이름만 대면 누구나 알 수 있는 거물들로 구성되어 있습니다.

이들은 서한에서 재산 5000만 달러, 우리나라 돈으로 약 580억 원을 초과하는 금액에 대해서는 2% 세금을 부과하고 10억 달러, 약 1조 1500억 원이 넘는 금액에 대해서는 추가로 1%를 더 내게 해 달라고 요청했습니다. 이 안이 받아들여지면 세수가 10년간 무려 3조 달러, 즉 3500조 원 정도 늘어나게 됩니다. 2020년 대한민국 예산은 500조 원 정도입니다. 그러니까 우리나라 1년 예산의 6배나 되는 천문학적인 금액인 것이죠.

도덕적 의무

대체 미국 부자들은 왜 자발적으로 세금을 더 내겠다고 하는 걸까요? 상위 0.1%에 속하는 부자들이 세금을 더 내게 해 달라고 나서다니, 이상한 일 아닌가요? 그런데 사실 충분히 이해할 수 있는 일입니다. 현재 미국 상위 0.1%의 고소득자들은 재산의 3.2%를 세금으로 내고 있습니다. 그런데 하위 99%는 재산의 7.2%를 세금으로 냅니다. 거부들은 이것이 매우 불평등하다고 생각합니다. 세금은 많이 버는 사람이 많이 내는 게 당연합니다. 사회 시스템 안에서 많이 번 사람들이 더 많이 내는 게 정의에 부합하는 일이기도 하죠. 중산층과 저소득층이 더 내는 세상은 공평하지 않은 세상입니다. 미국 부자들은 이를 잘 인식하고 있는 겁니다.

부자들은 권력층입니다. 그리고 그 권력을 이용해 어떻게든 세금을 덜 내려 애를 쓰는 세 현실이죠. 국회의원이나 고위층을 움직여 '부자 감세'를 이끌어 내려 하는 게 일반적이라는 말입니다. 이런 점에서 미국 부자들은 상대적으로 품격이 높다고 할 수 있겠습니다. 그들은 자신들이 보유한 부가 자신들만의 것이 아니란 사실을 알고 있는 겁니다. 그뿐 아니라 세금을 더 내야 할 도덕적, 경제적 책임이 자신들에게 있다는 것도 잘 이해하고 있다고 할 수 있습니다.

기부를 아름답게만 볼 수 없는 이유

사실, 미국 거부들은 기부도 많이 합니다. 워런 버핏과 빌 게이츠는 세계 최고의 갑부인 동시에 세계 최대의 기부자입니다. 이들이 기부하는 돈은 상상을 초월합니다. 보통 이들의 기부 행위는 아름다운 선행으로 홍보되는데요. 맞습니다. 기부가 조금 더 좋은 세상을 만드는 건 분명합니다. 그러나 기부에는 분명한 한계가 있습니다. 기부는 온전히 기부자의 의지에 따라 결정된다는 것이죠. 수조 원의 재산을 가진 부자가 있어도 그에게 기부를 강요할 수는 없습니다. 오직 그의 의지만이 기부를 결정하는 요소입니다. 원하지 않는다면 수조 원의 재산을 가졌다 해도 1원도 기부하지 않을 수 있습니다.

세금과 기부는 이러한 차이가 있습니다. 세금의 가장 중요한 기능 중 하나가 '부의 재분배'입니다. 고소득자에게서 높은 세금을 걷고 사치품이나 고가품에는 특별소비세를 부과합니다. 그렇게 거둔 돈으로 저소득자에게 복지 혜택을 줌으로써 부유층과 서민층의 간격을 줄이는 것이 부의 재분배죠. 물론 기부도 그런 기능을 합니다. 다만, 세금은 강제적이고 기부는 자발적이라는 데 차이가 있습니다.

상황에 따라 기부 여부나 기부 액수는 얼마든지 달라질 수 있습니다. 그러므로 기부 규모를 예상하고 그 기부금을 이용해 사업을 기획하는 것은 불가능한 일이겠지요. 이렇게 일회적이고 시혜적인 기부의 성격 때문에 기부금을 국가 살림 수단으로는 쓸 수 없습니다. 설사 모든 사람의 자비심이 폭발해 기부로 모인 금액이 세금으로 거둬들인 액수를 능가한다 해도 말입니다.

얼핏 생각하면, 기부는 자발적 행위이기 때문에 강제로 부여받은 의무인 세금보다 훨씬 도덕적, 윤리적인 것 같습니다. 그런데 정말 그럴까요? 앞에서 설명했듯 기부가 가장 활발하게 이뤄지고 있는 나라는 미국입니다. 거부들이 천문학적인 기부를 하니까요. 그런데 사실, 이들이 기부에 나설 수밖에 없는 이유가 있습니다.

미국의 복지 제도는 우리나라보다 못한 점이 많습니다. 의료보험 제도 수준만 해도 우리나라보다 훨씬 열악합니다. 빈부 격차 역시 극심하죠. 반면, 북유럽은 복지 제도가 우수하고 빈부 격차가 상대적으로 작습니다. 이 둘 사이엔 어떤 차이가 있는 걸까요?

북유럽은 조세부담률이 높기로 유명합니다. 소득 수준을 기준으로 세금을 얼마나 많이 내느냐를 나타내는 지표가 조세부담률입니다. 연간 1000만 원 버는 사람이 세금으로 500만 원을 내고 있다면 조세부담률은 50%가 됩니다. 그러니까, 조세부담률이 높다는 것은 세금을 많이 걷는다는 말이겠죠. 그런 국가라면 상대적으로 재정이

튼튼할 것입니다. 그리고 복지 제도도 잘 갖춰져 있을 가능성이 큽니다. 많이 걷는 만큼 분배가 잘 이뤄질 테니까요.

이런 국가에선 부자들이 따로 기부할 필요가 없습니다. 복지 제도가 워낙 잘되어 있으니, 별도로 개인이 기부로 도와줘야 할 만큼 힘든 사람이 없기 때문입니다. 그런데 미국은 이와 정반대입니다. 조세부담률이 낮으니 복지에 쓸 돈이 상대적으로 적습니다. 미국 부자들은 불편할 수밖에 없습니다. 주위를 둘러보면 국가가 돌보지 않는 가난한 사람들이 지천이기 때문입니다. 2020년 현재 캘리포니아를 비롯한 미국 주요 도시들은 '홈리스(homeless)'로 골치를 앓고 있다고 합니다. 집이 없는 사람들이 아무 곳에서나 용변을 보고 쓰레기를 버려 도시가 엉망이 되고 있기 때문입니다. 이러한 광경을 미국 부자들이 마음 편히 바라볼 수 있을까요. 미국의 복지 제도가 북유럽에 비해 형편없는 이유는 조세부담률, 특히 부자들의 조세부담률이 낮기 때문입니다.

미국 부자들이 큰돈을 기부하는 이유가 여기에 있습니다. 미국 부자들이 북유럽 부자들보다 특별히 자비심과 이타심이 월등해서가 아닙니다. 기부를 하지 않으면 안 될 상황이란 걸 알기 때문입니다. 이에 비해 북유럽 부자들의 기부가 적은 이유는 세금으로 이미 충분한 돈을 국가에 내고 있기 때문이죠.

만약 사람들에게 "세금을 낼래, 기부를 할래?"라고 물어보면 어떤 대답이 더 많이 나올까요. 액수는 같다고 가정한다면 대부분의 사람이 기부를 선택하게 되어 있습니다. 인간은 대부분 자신의 행위를 '선의', 즉 착한 의지로 포장하고 싶어 합니다. 타인에게 칭찬을 받고 싶기 때문이지요.

선의에서 중요한 것은 강제가 아닌 자발적 의지입니다. 강요된 행위는 아무리 선한 행위라 해도 그 가치가 떨어집니다. 반면, 자발적으로 하는 선한 행위는 아무리 사소한 것이라도 높게 평가됩니다. 지하철에서 임산부에게 자리를 양보하는 일은 대단한 선행이 아니지만 언제나 칭찬을 받죠. 그런데 누군가의 강요에 의해 억지로 자리를 양보한 상황이라면 칭찬은커녕 비난을 받을 수 있습니다. 두 경우 모두 자신을 희생하는 행위지만, 강요냐 자발적 의지냐에 따라 이처럼 큰 차이를 보이게 됩니다.

세금과 기부도 이와 같습니다. 세금은 아무리 많이 내도 타인의 존경을 얻기에는 무리가 있습니다. 물론 세무서에서 표창장을 받긴 하지만 말입니다. 그러나 기부에는 타인의 존경, 명예가 따릅니다. 이것이 세금보다 기부를 선호하는 이유입니다. '생색내기'에 기부만큼 좋은 수단은 없죠.

기부보다 중요한 건 세금이다

"영택아, 저기 폐지 손수레 끌고 가시는 할머니 도와드리자."
"자식, 오랜만에 착한 생각 했네. 그러자!"

미소가 절로 지어지는 풍경입니다. 그런데 뒤끝이 영 개운치 않습니다. 선진국이란 어떤 나라를 말하는 걸까요? 공평한 세상이란 뭘 뜻하는 걸까요? 다양한 의견이 있을 텐데요. 어떤 사람도 타인의 연민이나 동정심에 기대지 않아도 되는 나라라면 가히 선진국이라, 공평한 세상이라 부를 수 있을 것입니다. 누구나 어깨를 펴고 당당하게 삶을 영위하는 세상, 바꿔 말하면 그 누구도 타인의 불행이나 가난에 눈물을 흘리지 않아도 되는 세상 말입니다.

한여름 땡볕에 손수레에 폐지를 싣고 언덕길을 오르는 할머니, 할아버지를 보면 마음이 불편해집니다. 지하철 계단에 쭈그려 앉아 구걸하는 노숙인들을 봐도 마찬가지로 마음이 아프죠. 선의로 지갑을 열어 노숙인에게 적선하고 노파의 손수레를 뒤에서 밀어 준다고 해도 세상이 변하는 건 아닙니다.

기부가 강요되거나 일상이 되었다는 것은 돌려 말하면 그만큼 힘든 상황에 처한 사람이 많다는 뜻입니다. 그런 사실을 생각해 보면 과연 기부가 일상이 된 미국을 진정한 의미의 선진국이라 할 수 있을까요? 역설적으로 들릴 수도 있겠지만, 기부가 암암리에 강제되는 세상은 절대 공정하거나 아름다운 세상이 아닙니다. 체제가 아닌 개인의 선의에 기댄 사회, 그것은 국가가 자기 역할을 하지 못하고 있다는 방증입니다.

부자들은 종종 큰돈을 기부하며 생색을 냅니다. 그런데 우리가 잊지 말아야 할 것이 있습니다. 복지 제도가 잘 마련된 국가였다면, 기부할 돈을 세금으로 냈어야 했다는 사실이죠. 기부를 폄하할 생각은 없습니다. 다만 그렇기 때문에 재벌들이 천문학적인 금액을 기부한다 하여 마냥 좋아할 일은 아니라는 겁니다.

국가는 안정적으로 복지 제도를 운영할 책임이 있습니다. 이게 핵심입니다. 안정적 복지 체계는 기부가 아닌 세금으로 구축 가능합니다. 국가의 재원이 안정적으로 조달될 수 있도록, 더 많이 벌고 더 큰 재산을 가진 사람이 더 많은 세금을 내는 사회, 그리고 거의 모든 국민이 세금을 내는 나라가 바로 선진 일류 국가일 것입니다. '공화국'이란 국민 개개인이 주인인 나라를 뜻합니다. 주인이 국가 운영에 필요한 재원을 부담하는 건 너무나 당연한 일이겠지요. 세금을 내는 건 국민의 의무입니다. 기부의 일반화보다는 조세 제도의 발전이 선진국으로 발전하는 데 있어 핵심 요소가 될 것입니다.

세금을 조금 내는 게 좋은 걸가?

조세 제도는 인류 역사에서 가장 오래된 제도 중 하나입니다. 하지만 세금을 좋아하는 사람은 없습니다. 돈을 가져가는 주체가 조국이라 해도, 내 돈을 가져간다는 것 자체가 그리 유쾌한 일은 아닙니다. 하다못해 복권에 당첨되어 받는 공짜 돈이라 해도 세금을 내야 한다고 생각하면 아깝습니다. 피땀 흘려 노력한 결과물에서 일정 몫을 떼어 가는 세금은 말할 필요가 없겠지요. 곱게 보일 리 없습니다.

이는 어쩌면 인간의 본성인지도 모릅니다. 때문에 정치인들은 본능적으로 증세보다는 감세를 선호합니다. 대중이 세금을 늘리는 것보다 세금을 줄여 주는 걸 좋아하니까요. 정치란 결국 대중의 인기를 얻기 위한 게임입니다. 그래서 세금을 줄여 준다고 하면 손뼉을 치는 대중의 심리를 이용한 공약이 심심치 않게 나옵니다. '감세'는 대표적인 포퓰리즘 정책입니다.

감세 정책은 경제를 살린다는 명목하에 이뤄지는 경우가 많습니다. 경기가 하강 국면에 접어들면 어떻게든 경기를 살려 달라는 대중의 요구가 빗발칩니다. 이 기회를 노려 정치인들이 감세 카드를 꺼내는 것이죠. 한마디로 세금 줄여 줄 테니 가계는 줄어든 세금만큼 소비를 늘리고 기업은 투자를 늘리란 얘기입니다. 이런 감세 정책의 이론적 뒷배가 된 것이 바로 '래퍼곡선(Laffer curve)'입니다.

래퍼곡선은 미국 경제학자인 아서 래퍼(Arthur Betz Laffer)가 만들었습니다. 정치인 몇 명과 식당에서 식사를 하다가 냅킨에 그래프를 그렸다고 전해지는데요. 위로 볼록한 포물선 형태의 그래프죠. 래퍼의 주장은 간단합니다. "세율이 높아질수록 국가의 총 조세수입은 늘어난다. 그런데 세율을 높인다고 조세수입이 마냥 증가하는 건 아니다. 세율이 지나치게 높아지면 기업은 투자 의욕을 잃게 되고 근로자도 소비 및 투자 의욕을 잃어 결국은 경기가 침체되고 국가의 조세수입이 감소한다."

래퍼의 그래프는 감세를 주장하는 이들에게 가뭄의 단비 같은 존재가 됐습니다. 그렇지 않아도 세금에 불만이 많던 부자 정치인들의 마음을 홀렸죠. 이로써 래퍼곡선은 포퓰리즘을 추구하는 정치인들의 훌륭한 뒷배가 됐습니다. 지금도 래퍼곡선을 사랑하는 정치인들을 세계 곳곳에서 찾아볼 수 있습니다. 실제로 부자 감세 정책을 추진했던 이명박·박근혜 정부에서, 그리고 미국의 트럼프 정부에서 이 래퍼곡선을 정치적 도구로 사용했습니다.

이들은 래퍼의 이론을 충실히 따릅니다. 감세를 해야 경기가 좋아지고 총 조세수입도 늘어난다고 강조합니다. 특히, 부자들의 세금을 줄여야 한다고 주장하죠. 부자는 소비와 투자의 큰손이기 때문에 이들이 움직여야 경기가 살아나고 경기 회복의 온기가 아래로 퍼져 결국 서민들도 혜택을 보게 된다고 목소리를 높입니다. 이것이 낙수 효과(trickle-down effect)입니다. 말 그대로 넘쳐흐르는 물이 바닥을 적신다는 뜻입니다. 부자들의 호주머니가 차고 넘치면 새어 나온 돈이 서민층에게까지 미쳐 모두가 혜택을 보게 된다는 논리죠.

와인 잔을 가지런히 쌓아 탑을 만든 뒤 가장 위에 있는 잔에 물을 따릅니다. 물이 넘쳐도 계속 따르다 보면 마침내 물이 밑으로 흘러 밑에 있는 잔에도 물이 차게 되겠죠. 여기서 물은 부자들의 소비와 투자를 의미합니다. 부자들 주머니가 든든해지면 주머니에서 빠져나온 돈이 서민층에게 골고루 퍼진다는 것인데, 꽤 그럴싸해 보입니다.

래퍼곡선의 한계

래퍼곡선을 좋아하는 사람들에겐 실망스러운 얘기가 될지 모르지만, 래퍼곡선은 두 가지 문제점을 갖고 있습니다. 첫째는 대체 '누구'의 세금을 '얼마나' 깎아야 경기를 진작시킬 수 있는지 불명확하다는 것이고, 둘째는 감세 정책을 시행했을 때 실제로 경기가 좋아질지에 대해 증명된 바가 없다는 것입니다.

정부에서 감세 정책을 편다면 누구의 세금을 깎을까요? 팔은 안으로 굽기 마련입니다. 애초에 정치를 하는 사람들 대부분이 부자고 이들을 움직일 수 있는 힘을 가진 사람들 역시 부자입니다. 정치인들은 대중에게 낙수 효과가 나타날 것이라며 부자와 대기업의 세금을 깎으려 합니다. 명분은 서민들을 위해서, 경기를 살리기 위해서지만 이들이 주장하는 낙수 효과는 이제껏 제대로 증명된 적이 없습니다.

이것을 이해하기 위한 좋은 사례가 있습니다. 우리나라에서 시행됐던 감세 정책입니다. 2008년 금융 위기가 닥치자 정부는 감세 정책을 펼쳤습니다. 주로 부동산 과다 보유자에게 징수하던 종합부동산세를 완화했고 법인세를 낮췄죠. 이른바 '부자 감세'였습니다. 그런데 이로 인해 서민층이 별다른 혜택을 본 것도 아니고 경기가 회복되지도 않았습니다.

당시 세금 혜택과 수출 호조로 대기업은 천문학적인 돈을 벌었습니다. 하지만 이 돈은 투자에 쓰이지 않았고 기업 내에 그대로 쌓였습니다. 기업은 오히려 돈이 새어 나가지 않도록 수도꼭지를 꼭꼭 잠그기에 바빴습니다. 부자들 역시 마찬가지였습니다. 특정 개인이 소비를 늘리는 데는 한계가 있습니다. 아무리 돈이 많아도 하루에 세 끼 이상을 먹기는 힘들죠. 자동차를 산다고 해도 기껏해야 더 좋은 차로 바꾸는 정도지 개인이 수십, 수백 대의 자동차를 소유하는 경우는 거의 없습니다. 부자들의 세금을 깎으면 그들이 소비를 늘릴 거라 했지만 세금 혜택으로 늘어난 돈 전부를 소비에 쓰진 않습니다. 남는 돈 대부분은 자산에 투자하거나 저축을 해 재산을 늘려

나가는 수단으로 이용되기 마련입니다. 결국 부자를 대상으로 한 감세 정책은 낙수 효과를 만들어 내 부의 균형을 이루기는커녕 부의 집중을 가속화하여 빈부의 격차만 키웠습니다. 불평등만 심화된 것이죠.

얼마나 감세해야 경기를 진작할 수 있을 것인지에 관한 내용 또한 래퍼곡선의 한계를 드러냅니다. 래퍼곡선 옹호자들은 세율이 지나치게 높으면 세수가 감소한다고 주장합니다. 그런데 세율이 '지나치게' 높다는 건 극히 추상적인 표현입니다. 세금이 오르면 그에 따라 국가의 재정 수입은 당연히 늘어납니다. 일정 수준 이상이 되면 경제 활력이 떨어져 오히려 재정 수입을 줄어든다는 주장이라면 그 '특정 지점'에 대한 기준을 마련해야겠지요. 현재까지의 역사적 경험과 실험 연구에 따르면 그 기준 세율은 70% 내외입니다. 그런데 과연 소득의 70%나 되는 금액을 세금으로 부과하는 나라는 얼마나 될까요? 현실적으로 이 정도 소득세나 법인세를 부과하는 나라는 거의 없습니다. 한국이나 미국 역시 마찬가지입니다.

우리나라의 경우 2020년 현재, 5억 원 이상 초고소득자를 대상으로 한 종합소득세율은 42%, 법인세 최고 세율은 지방세를 포함해 27.5% 정도입니다. 각종 공제와 감면액을 빼면 실제로 내는 세금은 더 적습니다. 대부분의 국가에서 세금이 경제 효율을 떨어뜨릴 징도로 높다고 주장할 수 없는 이유가 이것입니다. 래퍼곡선은 분명 일리가 있는 이론이지만 실제 경제 효율을 떨어뜨리는 지점까지 극한의 세율을 적용하는 국가가 드물다는 것을 고려하면 래퍼곡선을 감세 논리로 삼는 건 견강부회라 할 수 있습니다.

무엇보다 감세 정책이 경기 진작이나 회복을 이끌었다는 명백한 증거가 없습니다. 그런데도 감세가 침체된 경제를 일시에 회복시킬 거라는 '신화'를 여전히 많은 정치인들이 신봉합니다. 1981년 미국의 레이건 대통령이 그랬고 현재의 트럼프 대통령이 그러합니다. 하지만 역사는 레이건과 그 뒤를 이은 부시 대통령이 연이어 펼친 감세 정책으로 경제를 활성화하는 데 실패했다는 것을 생생히 증언하고 있습니다.

감세 정책 지지자들은 근로소득에 대한 세금을 깎아주면 사람들이 더 열심히 일할 거라 말합니다. 세금을 덜 내니 더 빨리 부자가 될 수 있다는 생각에 땀을 더 흘린다는 것이죠. 또 자본소득에 대한 세금을 깎아 주면 저축이 늘어나는 동시에 투자도 늘어나게 된다고 강조합니다. 노동 공급, 저축, 투자 증가가 경제를 활성화한다는 논리인데, 정말 그럴까요?

노동 공급이 늘어난다는 애기는 노동자들이 더 열심히 일한다는 애기입니다. 그런데 세금이 줄면 정말 더 열심히 일하게 될까요? 각종 연구에서 밝혀졌듯 세금을 덜 낸다고 노동 공급이 증가하지는 않습니다.

저축이나 투자의 증가 역시 증명되지 않았습니다. 세금을 줄이는 것이 실제 투자 증가로 연결되지 않는다는 것이 경제학계의 중론입니다. 왜 그럴까요? 경영자는 이익의 가능성을 보고 투자를 합니다. 단순히 세금이 낮아져 자금이 늘어난다고 투자를 늘릴 리가 없죠.

설사 세율이 제로라 해도 마찬가지입니다. 가능성이 보이지 않는 한 투자나 고용을 확대하지 않습니다. 그게 현명한 경영자입니다. 기업 투자를 결정하는 가장 중요한 변수는 세율이 아니라 수요입니다. 실제로 감세 정책을 추진했던 레이건과 부시의 정책은 노동 공급, 저축, 투자 어느 것에서도 이렇다 할 변화를 이끌지 못했습니다.

 세금을 깎아 준다는 말의 진실

기업들의 세금을 깎아 주면 기업들에겐 분명 도움이 됩니다. 그렇다면 그 이익은 어디로 갈까요? 반드시 투자로 이어지진 않더라도 이 돈이 해당 기업의 노동자에게 쓰인다면 이는 긍정적인 결과로 이어질 수 있습니다. 노동자 주머니가 두둑해지면 그만큼 소비가 늘어날 테니 말입니다. 하지만 기업의 이익이 늘어난다 해서 그것이 고용 확대나 임금 인상으로 이어지진 않습니다. 기업에 대한 세금 인하로 인한 이득은 대부분의 경우 극소수 투자자들 주머니로 향하게 됩니다. 소수만이 그 혜택을 보는 겁니다.

감세를 지지하는 사람들은 감세로 인한 이익이 다수를 이롭게 할 거라 주장합니다. 앞서 설명한 낙수 이론입니다. 상부의 물이 넘치면 하부로 흐르는 것은 자연에선 당연한 현상입니다. 하지만, 인간이 만들어 낸 지극히 정치적인 경제 현실에서 그런 일은 발생하지 않습니다. 경제의 혈액인 돈은 위에서 아래가 아닌 아래에서 위로 흐릅니다.

감세 정책의 가장 심각한 부작용은 그것이 분배 구조를 악화시킨다는 데 있습니다. 감세 혜택이 상류층에 집중될 뿐, 서민들이 얻게 되는 감세 효과는 미미합니다. 부자, 중산층, 서민을 따지지 않고 모두에게 세율을 내려 준다 해도 마찬가지입니다. 똑같이 세율을 1% 내려 준다 해도 1억을 버는 사람은 100만 원의 이득을 보지만 3000만 원을 버는 사람은 30만 원의 혜택밖에 얻지 못합니다. 금액으로 따지면 1억을 버는 사람이 보는 혜택은 3000만 원을 버는 사람의 3.3배에 달합니다. 감세는 세금의 핵심 기능인 '소득재분배'를 저해할 뿐만 아니라 이렇게 소득 불평등을 더욱 심화합니다.

심각한 문제는 따로 있습니다. 감세를 시행하면 국가의 수입이 줄어듭니다. 수입이 줄면 빚을 내는 수밖에 없겠지요. 이는 곧 국가의 재정 적자를 심화하는 것입니다. 한번 내린 세금을 다시 올리기는 몇 배로 힘듭니다. 반발이 거세기 때문이지요. 나라를 망치는 정권은 세금을 낮춰 인심을 얻고자 합니다. 그것도 부자와 대기업들의 세금을 내리면서 말입니다. 이게 바로 '포퓰리즘'입니다. 하지만 그러는 사이 국가의 곳간은 점차 비어 가고 빚만 늘어납니다. 국가 운영에 쓸 돈이 없으니 그나마 있던 복지도 점차 줄게 됩니다.

가정의 살림은 해당 구성원이 책임져야 합니다. 국가 운영도 같습니다. 공화국이라면 살림 역시 그 주인인 국민 개개인이 책임져야 합니다. 그러니 국민이라면 세금 내는 걸 당연하다고 생각해야 합니다. 가장이 살림살이에 돈을 쓰지 않으면 가정 파탄을 피할 수 없듯 국가 구성원인 국민이 세금을 내지 않으면 국가는 망할 수밖에 없습니다. 가장이 기꺼이 가정 운영에 필요한 돈을 부담하는 것처럼 국가의 주인인 국민이라면 국가 운영에 필요한 돈을 내야 합니다.

경제도 민주화가 필요하다

'경제민주화'란 도대체 무얼 말하는 걸까요. 정치의 '민주화'만큼 일반화된 단어가 아니니 그 해석도 분분합니다. 다만 경제민주화라는 말은 우리 헌법에서 언급될 정도로 명확한 실체를 가지고 있습니다. 헌법 제119조 2항입니다. "국가는 균형 있는 국민경제의 성장 및 안정과 적정한 소득의 분배를 유지하고, 시장의 지배와 경제력의 남용을 방지하며, 경제주체 간의 조화를 통한 경제의 민주화를 위해 경제에 관한 규제와 조정을 할 수 있다."

위 조항에 경제민주화의 핵심이 담겨 있습니다. 적정한 소득의 분배, 시장의 지배와 경제력의 남용 방지가 그것입니다. 다른 말로 하면, 국가의 부의 주인은 국민이며, 그 부가 소수에게 집중되지 않도록 하는 게 경제민주화란 얘기입니다. 정치적 민주화가 권력을 소수 권력자가 아닌 국민에게 돌려주는 과정이라면, 경제민주화는 국부(國富)의 소유권을 소수 기득권층이 아닌 국민에게 돌려주는 과정이라고 할 수 있습니다. 적정한 분배를 통해 가진 자와 갖지 못한 자의 간극을 줄여 조금 더 가진 자와 덜 가진 자로 이루어진 세상을 만들자는 것입니다. 우리 헌법은 이것을 명확히 하고 있습니다. 그리고 그 수단이 과세입니다.

　복지 역시 돈이 핵심입니다. 돈 없는 국가가 복지에 나서다간 쪽박을 차기가 십상입니다. 세금을 내리는 걸 경계해야 한다는 소리입니다. 감세는 소득재분배와 복지 확대를 근본적으로 방해합니다. 세금을 줄여 준다는 말은 달콤하게 들리지만 그 이면을 들여다보면 독이 든 성배와 다름없습니다. 단기적으론 좋을지 모르지만 장기적으론 국가의 살림을 황폐화하고 부의 불평등을 심화합니다. 민주 시민이라면 감세를 주장하는 정치인들을 경계해야 하는 이유가 바로 이것입니다.

간접세와 직접세

"영택아, 배고픈데 편의점에서 라면이나 사 먹자."

"그래. 국가에 세금을 내야 나라가 돌아가지."

라면 먹는 데 세금을 낸다는 것이 의아한 사람이 있을 겁니다. 사실 세금은 항상 우리 곁에 있습니다. 학생이라고 세금을 안 내는 것도 아닙니다. 우리가 입고, 쓰고, 먹는 상품의 가격엔 이미 세금이 포함되어 있습니다. 부가가치세라는 세금입니다. 상품의 원래 가격에 10%의 부가가치세가 붙어 있는 금액이 우리가 보는 상품의 가격입니다. 그러니까, 1000원짜리 라면의 원래 가격은 약 909원입니다. 여기에 그 10%인 91원이 부가가치세로 더해져 1000원에 소비자에게 판매되는 겁니다. 우리가 소비하는 대부분의 상품과 서비스에는 이미 그 가격에 세금이 포함되어 있습니다.

세금의 종류는 많습니다. 세금은 크게 국세와 지방세로 나뉩니다. 국세는 중앙정부가, 지방세는 지방정부가 과세 권리를 갖습니다. 과세 방법에 따라서는 간접세와 직접세로 나눌 수 있습니다. 간접세와 직접세는 우리 삶과 매우 밀접한 관련이 있기 때문에 반드시 알아야 하는 개념입니다.

일반적으로 세금은 소득, 소비, 재산, 세 가지 항목에 대해 부과됩니다. 소득이 발생하면, 즉 돈이 생기면 세금이 따라옵니다. 재산에 대해서도 세금은 부과됩니다. 가령 집을 사거나 자동차를 사게 되면 세금이 부과됩니다. 특히 자동차 등 고가의 물건을 살 때 내는 세금을 특별소비세라 합니다.

간접세는 소비에 부과되고 직접세는 소득과 재산에 부과됩니다. 간접세와 직접세의 구분은 납세자와 조세 부담자가 일치하느냐 여부에 의해 결정되는데요. 납세자란 세금을 납부할 의무를 지닌 사람, 조세 부담자란 세금을 실질적으로 부담하는 사람을 말합니다. 직접세는 납세의무자와 조세 부담자가 일치하여 조세 부담이 전가되지 않는 세금입니다. 반면, 간접세는 납세의무자와 조세 부담자가 일치하지 않고 조세의 부담이 타인에게 전가되는 세금을 뜻합니다.

직접세의 대표적인 예로는 소득세, 법인세, 상속세, 증여세, 종합부동산세 등이 있습니다. 이들 세금은 세금을 부담하는 사람과 세금을 내는 사람, 즉 조세 부담자와 납세자가 일치합니다. 주택을 팔아 차익을 거뒀다면 세금을 내야 합니다. 세금을 실세로 부담하는 조세 부담자가 동시에 세금을 내는 주체인 납세의무자가 되는 겁니다.

대표적인 간접세는 앞서 말한 부가가치세입니다. 부가가치세는 물건을 사거나 서비스를 이용할 때 우리가 지불하는 가격에 이미 포함되어 있습니다. 우린 물건을 사면서 세금을 내는데, 그 세금을 세무서에 직접 가서 납부하는 건 아닙니다. 세금은 일단 물건과 서비스를 파는 사업자가 거둡니다. 이렇게 거둔 세금을 사업자가 나중에 세무서에 납부하는 것이죠. 즉 부가세의 납세의무자는 사업자지만 그 세금을 실제로 부담한 건 소비자들입니다. 납세자와 조세부담자가 다른 것입니다. 간접세에는 부가가치세, 개별소비세, 주세, 교육세, 지방소비세, 담배소비세 등이 있습니다.

　직접세와 간접세를 유심히 살펴보면, 직접세는 세율이 누진 형태를 띠는 반면 간접세는 누구에게나 일정한 세율을 적용한다는 것을 알 수 있습니다. 다시 말해 직접세 대부분은 소득이나 재산 규모가 클수록 세율이 높은 반면, 간접세는 소득이나 재산이 많고 적음에 상관없이 세율이 일정합니다. 예를 들어 종합소득세율은 과세표준에 따라 최저 6%에서 최고 42%까지 누진 형태를 띠고 있습니다. 소득이 높을수록 세율이 높습니다. 반면 부가가치세는 상품 가격의 10%로 고정되어 있습니다.

증세하기 쉬운 세금?

일반적으로 간접세는 본인이 세금을 내는지를 인식하지 못한 상태에서 부담합니다. 우리는 식당에서 밥을 먹거나 편의점에서 음료수를 살 때 세금을 낸다는 생각을 하진 않습니다. 그저 돈을 내고 물건을 산다고 생각할 뿐입니다. 이처럼 간접세는 자신이 내는지도 잘 인식하지 못하는 세금입니다. 따라서 조세 저항이 적은 세금이라 할 수 있습니다. 이 점이 직접세와 다른 점이고 그렇기 때문에 매우 중요합니다.

증세, 즉 세금을 더 거두려 할 때 정책 당국자가 가장 고민하는 게 조세 저항입니다. 직접세는 조세 저항이 큽니다. 세금을 낸다는 분명한 인식이 있으니, 당연히 아까울 수밖에 없습니다. 저항이 생기는 게 당연합니다. 부동산에 부과되는 세금을 올리게 되면 반발이 심하지요. 반면 간접세는 세금을 낸다는 인식이 적으니 조세 저항도 적습니다. 여러분이 정책을 만드는 사람이라면 어떤 선택을 하게 될까요? 증세를 할 때 가능하면 조세 저항이 덜한 간접세를 올리려 하지 않을까요?

많이 벌수록 부담률이 낮아지는 간접세

세금을 걷는 이유는 국가를 운영하기 위해서입니다. 국가는 도로, 교량, 항만 등도 건설해야 하고 각종 서비스를 제공하는 공무원들 월급도 줘야 합니다. 그리고 중요한 이유가 하나 더 있습니다. 바로 일부에게 편중된 돈을 골고루 나누기 위해서입니다. 이것이 '부의 재분배' 기능입니다.

왜 돈을 나누는 게 중요할까요? 그리고 왜 재분배가 세금을 통해 이루어져야 하는 걸까요? 자본주의는 생산 수단을 소유한 자본가들 에게 부가 쏠릴 수밖에 없습니다. 부의 불균형 혹은 편중을 피할 수 없는 제도입니다. 여기에 문제가 있습니다. 부의 불균형이 심해지면 사회 갈등이 폭발할 수 있다는 것이죠. 게다가 대중의 소비 기반이 무너지면 자본주의 체제가 위태로워질 수 있습니다. 과잉 생산물을 처리할 주체가 사라지기 때문입니다. 자본주의 체제 유지를 위해서 라도 부의 편중을 인위적으로 수정해 나가야 합니다. 부의 재분배 는 국부를 국민에게 골고루 나눠 주는 경제민주화의 첫걸음일 뿐만 아니라 자본주의 지속을 위한 필수 조건입니다.

그럼 어떻게 나눌 수 있을까요? 개인의 자유의지에 맡겨서는 나눌 수 없습니다. 아무리 부자라도 가난한 사람에게 선뜻 자신의 재산을 나눠 주려 하지는 않을 것입니다. 그래서 세금을 이용하는 것입니다. 세금만큼 부의 재분배에 효과적인 수단은 없습니다.

세금을 통한 강제적인 부의 재분배가 왜 정당성을 갖는 걸까요? 가장이, 번 돈을 자신만을 위해 사용하면 가정은 파탄이 날 것입니다. 자녀 교육이 불가능할 것이고 가장을 제외한 다른 구성원들은 굶을 수밖에 없겠지요. 마찬가지입니다. 사람마다 능력은 제각각입니다. 자유로운 경쟁을 지향하는 자본주의 세상에서 능력에 따른 부의 불균형은 불가피합니다. 이를 방치한다면 궁극적으로 대부분의 부는 능력 있는 소수에게 집중되게 됩니다. 약육강식의 논리를 누군가가 제어하지 않는다면 힘없는 다수는 더욱 어려운 삶을 살수밖에 없습니다. 국가는 이런 부의 불균형 혹은 불평등을 통제해야 합니다. 자유로운 경쟁을 보장하되 그로 인한 부작용을 최소한으로 줄여 나가야 합니다. 그래야 국가의 지속 성장이 가능합니다.

직접세는 부의 재분배를 촉진합니다. 반면 간접세는 부의 재분배 기능이 거의 없습니다. 외려 반대로 작용하죠. 부의 불평등을 더 심화할 수 있습니다. '담배소비세'가 좋은 예입니다. 질병관리본부가 조사한 바에 따르면 흡연율은 가난한 계층에서 높게 나타납니다. 고소득층은 상대적으로 담배를 덜 피운다는 것이죠. 따라서 담배소비세는 주로 저소득층에 더 무겁게 부과되는 세금이라 할 수 있습니다. 한마디로, 국가 운영에 필요한 운영비를 고소득층이 아닌 저소득층이 더 부담한다고 할 수 있겠지요.

또 다른 예를 보겠습니다. 우린 외식을 할 때도 세금, 즉 부가가치세를 냅니다. 월급이 200만 원인 사람이 외식비로 55만 원을 썼다면 그는 한 달에 세금을 5만 원 낸 것입니다. 월급이 1000만 원인 사람이라도 같은 금액을 외식비로 썼다면 그 역시 5만 원의 세금을 낸 것이지요. 무척 공평해 보입니다. 하지만 월급이 200만 원인 사람은 자기 소득의 2.5%를 세금으로 낸 반면 월급이 1000만 원인 사람은 소득의 0.5%만 세금으로 낸 것입니다. 일반적으로 직접세는 많이 벌수록 세율이 높아지지만 간접세는 그렇지 않습니다. 많이 벌수록 세율이 낮아지고 적게 벌수록 세율이 높아집니다. 간접세는 오히려 많이 버는 사람의 세율이 더 낮은 효과가 생기는 겁니다. 이렇게 보면 불공평해 보입니다.

'공평'의 다른 해석

우린 세금을 낸다는 인식도 없이 소비를 합니다. 국가 입장에서는 간접세만큼 거두기 쉬운 세금도 없습니다. 굳이 세금을 내라고 고지할 필요도, 세금을 걷으려 애쓸 필요도 없습니다. 물건을 사고 서비스를 이용하는 건 삶을 영위하기 위한 필수 행위입니다. 세금을 내기 싫다고 소비를 하지 않을 수는 없습니다. 물건값에 세금이 포함되어 있으니 안 낼 도리도 없습니다. 국가는 앉아서 편하게 세금을 걷습니다. 국민들이 소비생활을 하면 세금은 자동으로 걷힙니다.

2018년 기준으로 부가가치세가 총조세수입에서 차지하는 비중은 24.7%에 달합니다. 금액으로는 70조 원 정도입니다. 소득세가 86.3조 원, 법인세가 70.9조 원으로 1, 2위였는데요. 우리나라 법인이 내는 법인세와 거의 같은 금액입니다.

간접세는 조세 저항이 거의 없습니다. 걷기 쉽죠. 때문에 일부 정권은 부자 감세를 통해 줄어든 세수를 간접세를 올려 충당하기도 합니다. 이들은 간접세의 공평성을 강조합니다. 부자든 빈자든 동일한 세율임을 강조합니다. 하지만, 위에서 살펴본 것처럼 간접세는 절대 공평한 세금이 아닙니다. 외려, 빈자들이 더 높은 세율을 내게 되는 역진적 성격을 갖고 있습니다. 큰돈을 버는 가장과 아르바이트를 해서 쥐꼬리만 한 월급을 받는 자녀들이 똑같은 금액의 생활비를 내서 가정을 운영한다고 생각해 보세요. 이건 공정, 공평하다고 할 수 없겠죠. 많이 벌면 많이 내고 적게 벌면 적게 내는 게 공정합니다. 그런 점에서 간접세는 불공평한 세금이라 할 수 있습니다.

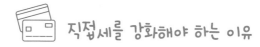 직접세를 강화해야 하는 이유

직접세란 세금을 납부하는 납세자와 실제로 세금을 부담하는 조세 부담자가 같은 세금이라고 했습니다. 직접세의 대표적인 예가 소득세입니다. 소득세란 소득에 대해 부과하는 세금을 말합니다. 소득을 얻는 주체는 법적으로 개인과 법인입니다. 결국 소득세는 개인과 법인에 부과되는데요. 개인에 부과되면 '소득세', 법인에 부과되면 '법인세'라 합니다.

근대적인 개념의 소득세 제도는 영국에서 시작됐습니다. 영국은 1799년 프랑스와의 전쟁 비용을 확보하기 위해 소득세를 도입했습니다. 미국에서는 남북전쟁에 쓸 비용 마련을 위해 1861년 개인 소득세를 부과하기 시작했고, 1913년 소득세가 정식으로 세금 제도로 편입됐습니다. 한국의 경우 1949년 소득세법이 제정되었고, 1974년 12월 24일 전면적으로 개정되었습니다.

소득세가 오늘의 구조를 갖게 된 건 그리 오래된 일이 아닙니다. 기껏해야 100여 년, 우리나라의 경우엔 70년 정도 되었습니다. 인류 역사에 비해선 일천하다고 할 수 있습니다. 왜일까요? 그만큼 소득에 대한 과세가 어렵다는 뜻일 것입니다. 그렇다면 소득에 대한 과세는 왜 어려운 걸까요? 과세 정의(正義)에 대한 사회적 합의가 어렵기 때문입니다. 세금을 부과할 때 가장 많은 논란이 되는 게 바로 '과세 정의'입니다. 정의란 이해관계에 따라 그 의미가 달라집니다. 소득이나 재산 여부에 관계없이 누구나 똑같은 액수를 내는 게 정의롭다고 주장하는 사람도 있고 많이 버는 사람이 많이 내는 게 정의롭다고 주장하는 사람도 있습니다. 그래서 사회적 합의가 쉽지 않습니다. 그것이 소득세 같은 직접세를 제도로 정착시키는 데 난관으로 작용한 겁니다.

'정의'란 사회를 구성하고 유지하는 공정한 도리를 말합니다. 조세 정의란 조세가 얼마나 정의로운가를 뜻하겠지요. 정의로운 세상에 대한 이견은 있을 수 있지만, 강자가 약자를 유린하지 않고 보듬는 세상이 정의롭다고 하는 데는 어느 누구도 반론을 제기하지 못할 것입니다. 조세 정의란 세금 부과가 세금을 부담하는 자의 형편에 맞게 적절하게 배분되었는가를 뜻합니다. '형편에 맞게, 적절한 배분'이 정의로운 조세의 핵심입니다.

공평성을 유지하려면 소득 수준이 같은 사람에게서 같은 액수의 세금을 거두어야 합니다. 이를 수평적 형평이라 부릅니다. 수직적 형평은 각기 소득 수준이 다른 개인들의 세금 징수액을 형평적으로 차별화하는 것을 의미합니다. 연봉 1억 고소득자와 2000만 원 소득자의 세율을 어떻게 정해야 형평에 맞는지 따져 보는 것이죠.

직접세의 가장 큰 논란은 누진적 구조에서 파생합니다. 누진적이란 말은 소득이 많을수록 세율이 높아지는 것을 말하는데요. 일부에서는 이를 매우 불공평한 제도라고 비판하며, 많이 버는 사람이 왜 더 많은 세금을 내야 하는지 의문을 제기합니다. 모두 똑같은 비율로 내는 것이 공평하다는 주장입니다.

하지만 누진세는 다음과 같은 이유로 정당합니다. 어떤 개인이 돈을 많이 벌었다는 것은 그가 국가나 사회로부터 상대적으로 더 많은 혜택을 받았다는 뜻입니다. 돈을 버는 행위는 사회 구조 안에서 벌어지는 일입니다. 의사와 변호사의 소득 수준이 높은 것은 의료와 법률 서비스에 대한 수요도 있지만 기본적으로 국가가 그런 소득을 허락해 주었기 때문입니다. 게다가 전문 자격을 얻기까지 개인은 국가와 사회의 수많은 도움을 받을 수밖에 없습니다. 국가는 이 사회에 학교를 세우고 학과를 만들고 교육을 시켰습니다. 무엇보다 해당 자격을 부여해 그 사람이 전문가임을 인증해 주었습니다. 높은 소득에 가장 중요한 건 분명 개인의 능력입니다. 단, 그런 능력을 키우고 발휘할 수 있도록 제반 환경을 조성해 준 것은 국가와 사회라는 것을 알아야 합니다. 높은 소득을 거두는 사람일수록 사회와 국가의 도움을 더 받았다고 할 수 있는 겁니다. 따라서 이들에게 높은 세율을 부과하는 건 정당합니다.

보편적 복지를 이룩하기 위해

오늘날 대부분의 국가는 보편적 복지국가를 지향합니다. 우리나라도 같습니다. 보편적 복지국가란 인권을 중요시하는 나라입니다. 인간은 누구나 교육, 의료, 주거, 노후, 육아 등에 있어 인간다운 생활을 할 권리를 갖습니다. 인간다운 생활을 하려면 '경제적 능력'이 있어야 합니다. 하지만 자본주의 세상에서 모든 이가 경제적 능력을 갖추는 건 불가능합니다. 태어날 때부터 금수저와 흙수저로 갈리고 이에 따라 교육의 질이 달라지니까요. 금수저는 부모의 후광을 등에 업고 경제적 능력을 쉽게 갖출 수 있지만 흙수저는 몸뚱이 하나로 경제적 능력을 갖춰야 합니다. 이런 상황에서 국가는 무엇을 해야 할까요? 누구나 인간다운 생활을 할 수 있게 해야 합니다. 그게 보편적 복지국가가 추구해야 할 목표인 겁니다.

이때 필요한 것은 역시 돈입니다. 그 돈을 누가 부담하는 게 정의로운가도 자명합니다. 국민 모두가 국가의 주인입니다. 따라서 모든 사람이 십시일반으로 부담하는 게 옳습니다. 아무리 가난해도 소득이 있다면 일단 세금을 내는 게 맞습니다. 다시 환급해 주는 한이 있더라도 말입니다. 누구나 세금을 내야 한다는 것은 매우 중요한 의미를 갖습니다. 세금을 낸다는 것은 국가의 주인임을 확인하는 과정이니까요. 세금을 내야 주인 의식을 가질 수 있고 국가가 제공하는 복지를 혜택이 아닌 당연한 권리로 인식할 수 있습니다. 아르바이트로 번 돈 중 일부를 부모님께 생활비로 드린다고 생각해 봅시다. 자존감은 높아질 수밖에 없습니다. 부모님께 한층 당당할 수 있을 것입니다. 마찬가지로 국가의 살림살이에 본인의 몫을 부담한다면, 국가의 주인으로서 한층 당당해질 것입니다. 게다가 누구는 내고 누구는 안 내는 세금 구조는 내는 쪽의 불만을 불러올 수 있습니다. 더 나아가 감세나 탈세의 빌미가 될 수도 있죠.

인류 역사상 부가 공평하게 분배됐던 적은 거의 없습니다. 부의 분배는 늘 불평등했습니다. 문제는 자본주의가 발달하면서 부의 불평등 현상이 더욱 심화되었다는 데 있습니다. 그럴 수밖에 없겠지요. 자본주의는 기본적으로 자본을 가진 사람들에게 유리한 제도니까요. 돈이 돈을 버는 구조입니다. 웬만한 건물 한 채만 있어도 평생 먹고사는 데 지장이 없습니다. 만약 부모에게 이런 건물을 상속받은 사람이라면 평생 직업을 갖지 않아도, 다시 말해 땀을 흘리지 않아도 사는 데 지장이 없을 겁니다. 게다가 이들은 시간이 흐를수록 점점 더 부자가 되고 있습니다. 부동산 가격과 임대료가 올라가면서 보유 자산 가치가 높아지고 있기 때문입니다. 반대로, 돈이 많지 않은 사람들의 삶은 나날이 힘들어지고 있습니다. 주택 전·월세 가격과 가게 임대료가 매년 오르고 있기 때문이죠. 땀 흘리며 열심히 살지만 통장 잔고는 언제나 마이너스인 게 오늘날 서민의 현실입니다.

땀 흘리지 않고도 잘사는 계층과 열심히 노력해도 살림살이가 좀처럼 나아지지 않는 계층의 가장 큰 차이점은 자본의 유무입니다. 이게 자본주의의 태생적 한계입니다. 이런 불평등을 해소할 수 있는 방법은 무엇일까요? 열심히 노력하는 사람이 어느 정도의 부를 일궈 노후를 편안하게 살 수 있는 방법은 없는 것일까요?

해답은 '과세'에 있습니다. 과세를 통해 강제적으로 부의 재분배를 꾀해야 합니다. 다시 말해, 직접세를 강화하고 그 구조는 누진적이어야 합니다. 소득세, 증여세, 상속세 등을 강화하되, 부를 많이 가질수록 세율이 높아지는 누진적 구조여야 한다는 말입니다.

이런 의미에서 과세는 지극히 정치적이고 철학적인 문제입니다. '정치적'인 이유는 어느 계층의 세금 부담을 높일 것인지 판단해야 하기 때문입니다. '철학적'인 이유는 개인의 능력에 따라 부의 편차는 불가피하다고 볼 것인지, 개인의 능력 차는 인정하지만 그래도 모든 인간은 인간다운 삶을 영위해야 한다는 당위성을 인정할 것인지 판단해야 하기 때문이죠.

정책은 결국 시대의 요구에 따라 결정될 수밖에 없습니다. 다만, 자본주의의 모순이 극한으로 치닫다 보면 결국 자본주의 체제 자체가 위험에 빠질 것입니다. 양극화가 극심해지면 자본주의는 스스로 붕괴할 수밖에 없습니다. 대중의 소비 기반이 무너지면 자본주의는 지속될 수 없으니까요. 그런 의미에서 과세를 통한 부의 재분배는 체제를 유지해야 하는 우리에게 떨어진 과제라 할 수 있습니다. 자본주의가 역설적으로 부의 재분배를 강하게 요구하고 있는 셈이죠.

시장경제에서 정부의 역할

"영택아! 운동화 가격은 어떻게 정해지는 거냐?"

"그걸 어떻게 아냐? '보이지 않는 손'이 작동하나 보지."

'시장경제'란 애덤 스미스(Adam Smith)가 말한 '보이지 않는 손'에 의해 자원이 배분되는 체제를 말합니다. 애덤 스미스는 '경제학의 아버지'라 불리는데요. 그가 바로 '시장'이란 개념을 논리적으로 설명한 최초의 인물이기 때문입니다.

시장은 수요 공급의 법칙에 지배됩니다. 수요가 많거나 공급이 줄면 가격이 오르고, 수요가 적거나 공급이 늘면 가격이 내려갑니다. 애덤 스미스에 따르면, 이 과정에서 경제학의 목표이기도 한 자원의 효율적 배분이 이뤄집니다. 자유로운 경쟁이 이뤄지면 정부가 개입하지 않아도 물건의 가격과 품질이 적절하게 정해지고 수요와 공급이 자연스레 균형을 이루므로, 필요한 곳에 적절한 자원 배분이 이뤄진다는 것이죠. 이렇듯 '보이지 않는 손'이 가격을 결정해 주기 때문에 정부의 역할은 필요 없다는 것이 애덤 스미스의 주장입니다. 예를 들어 볼까요. 아파트를 구하려는 수요는 많은데 공급이 일정하거나 줄면 가격이 오르게 되고, 반대로 아파트를 사려는 사람은 없는데 공급이 늘어난다면 가격이 내려가겠죠. 바로 이 얘기를 하는 것입니다.

애덤 스미스는 인간의 이기심을 풍요의 원천으로 봤습니다. 인간이라면 누구나 다른 사람보다 잘 살고 싶어 하는 욕망이 있는데 이런 욕구를 허용해야 국가와 국민이 부자가 될 수 있다고 믿었습니다. 개인이나 기업이 사익을 위해 경쟁하면 국가의 부도 그에 따라 늘어날 거라고 《국부론》에서 강조했습니다. 여기서 걱정되는 게 하나 있습니다. 경제 주체들이 사익을 위해 경쟁을 하다 보면 그들 간의 갈등과 싸움으로 인해 무질서한 상황이 펼쳐지지 않을까 하는 것이죠. 하지만, 애덤 스미스는 그렇게 되지 않는다고 주장합니다. 시장에 자연적인 질서를 유지하는 능력이 있다고 본 것입니다.

보이지 않는 손의 한계

정말일까요? 당연히 그렇지 않습니다. 시장은 모든 걸 해결할 수 있는 완벽한 자성 능력을 가진 존새가 아닙니다. 아파트 가격만 뵈도 알 수 있습니다. 서울 지역의 아파트 공급은 계속 늘고 있지만 아파트 가격은 천정부지로 치솟고 있죠. 어떤 사람은 이렇게 주장할 수도 있습니다. 그냥 놔두면, 즉 보이지 않는 손이 지배하도록 놔두면 공급은 계속 늘어날 것이고 그에 따라 아파트 가격 역시 적정 가격을 찾아갈 거라고 말입니다. 하지만, 그러기엔 부작용이 너무 큽니다. 적정 가격을 찾는 데 얼마의 시간이 걸릴지 아무도 모릅니다. 또, 반드시 그렇게 된다는 보장도 없습니다. 부동산은 대표적인 유한 자원입니다. 공급을 마냥 늘릴 수가 없습니다. 보이지 않는 손이 작동하려면 자원의 양이 어느 정도 보장되어 있어야 합니다. 그런데 부동산, 특히 한국의 수도권 부동산은 들끓는 수요에 비해 공급할 수 있는 토지는 제한적입니다. 부동산을 시장의 원리에 맡겨 놓으면 가격이 폭등할 수밖에 없는 구조란 것입니다.

유한한 자원을 누군가가 독점하고 있다면 보이지 않는 손은 전혀 작동할 수 없습니다. 자원을 독점적으로 장악한 자가 시장을 지배할 것이고 가격 역시 그의 맘대로 책정될 여지가 큽니다. 문제는 극히 유한한 자원이 모든 사람에게 절대적으로 필요한 재화일 때입니다. 금이나 다이아몬드 같은 사치품은 설사 누군가 독점하고 있다 해도 큰 문제가 되지 않습니다. 사지 않아도 일상생활을 영위하는 데 불편함이 없기 때문입니다. 하지만 토지를 비롯한 부동산은 다릅니다. 주거 안정은 헌법에서 보장하는 가치입니다. 그런데 이런 유한 자원을 시장 논리에 맡겨 놓는다면 대중의 인간다운 삶은 불가능해집니다. 이때 '보이지 않는 손'은 공공의 이익을 해치는 주범이 됩니다. 유한한 자원을 효율적으로 배분하는 게 아니라 유한한 자원을 등에 업고 누군가에게 천문학적인 이익을 가져다줄 것입니다.

보이지 않는 손의 한계는 이것뿐만이 아닙니다. 경쟁을 해야 하는 기업들이 소수일 때 이들은 담합을 통해 가격을 통제할 수 있습니다. 가격이 시장 논리에 의해 정해지는 게 아니라 소수 기업의 합의에 의해 정해지게 되는 겁니다. 시장은 필연적으로 독과점을 부추깁니다. 자본이 우세한 기업들은 시장 지배력을 높일 수 있고, 시장 지배력이 높아지면 더 많은 자본을 축적해 경쟁에서 우월적 지위를 갖게 됩니다.

조그만 점포들이 오밀조밀 모여 경쟁하면서 장사하던 곳에 커다란 대형마트가 생기면 기존의 점포 상당수는 폐업할 수밖에 없는 상황이 됩니다. 대형마트란 수백 개의 점포를 한곳에 모아 놓은 곳이지요. 옷, 가구, 식료품, 정육점, 철물점 등등. 불과 수십 년 전만 해도 동네마다 있던 이런 점포들이 사라진 이유는 결국 거대 점포가 시장을 장악했기 때문입니다. 만약 정부의 규제가 없다면 이런 독과점은 더욱 심화될 것이고 최종적으로 이들은 스스로 가격을 통제할 수 있는 권력을 갖게 될 것입니다. 정부의 규제가 없다면 소비자들은 과거에 비해 훨씬 비싼 가격에 물건을 사야 하는 처지로 내몰릴 수도 있는 겁니다.

문제는 또 있습니다. 기업은 기본적으로 이익을 추구하는 조직입니다. 돈이 돼야 사업을 합니다. 만약 천문학적인 자본이 투입돼야 하는 사업이 있다고 해 봅시다. 공공의 이익을 위해서는 반드시 필요하지만 수익을 낼 가능성이 별로 없는 사업들이 있습니다. 전기나 도로, 철도와 같은 사업이지요. 보통 이런 사업은 수천 억, 혹은 조 단위의 금액이 투입됩니다. 도로를 사기업이 건설하는 시스템이라면 돈이 되는 곳에만 도로를 깔려고 하겠지요. 이용객이 적은 시골이나 변두리에 도로를 건설할 일이 없습니다. 철도나 전기 역시 마찬가지입니다. 애초에 시장의 기능에 맡겨 놔서는 공공성을 띤 재화의 공급은 불가능합니다. 또한 공공성을 띠는 재화나 서비스는 국민 생활에 필수적이기에 그 이용료가 싸야 합니다. 그런데 이를 시장 논리에 맡겨 두면 그 이용료가 비싸질 것입니다.

민간이 건설한 도로나 교량 등이 전국에 많이 있습니다. 그것을 이용할 때마다 우리는 돈을 냅니다. 아까운 생각이 들 겁니다. 하지만 다행히 유료도로나 교량은 적습니다. 만약 모든 도로나 교량 이용 시 돈을 내야 한다면 어떤 일이 벌어질까요? 한 달 수입 전부를 이용료로 내도 부족할 겁니다. 부산과 거제도를 연결하는 거가대교는 대표적인 민자 교량입니다. 이 교량의 통행료는 일반 승용차 기준으로 편도 1만 원입니다. 이 교량을 통해 출퇴근하는 사람이라면 하루 2만 원, 한 달에 40에서 50만 원 정도를 통행료로 내게 될 겁니다. 서민이 부담하기엔 만만치 않은 돈입니다. 이 통행료도 중앙 정부와 지자체 재정이 어느 정도 투입됐기에 이 정도입니다. 만약 순수 민자 교량이고 정부의 규제가 없다면 지금보다 최소한 2배 정도 높아졌을 것입니다. 바로 이것이 공공재에 대한 보이지 않는 손의 접근을 제한해야 하는 이유입니다.

공공재를 둘러싼 다툼

공공재란 공동으로 사용하는 물건이나 시설을 말합니다. 개인이 배타적인 권리를 갖는 사적 재화와 반대되는 개념입니다. 간혹, 국가에서 제공하는 것을 모두 공공재라 여기는 경우가 있습니다. 이는 오해입니다. 공공재의 가장 큰 특징은 비(非)배제성과 비(非)경합성에 있습니다.

배제성이란 다른 사람이 소비하려고 하면 막는 속성을 말합니다. 비배제성이란 그 반대 의미겠지요. 즉 남이 쓰려 할 때 막지 못하는 속성을 뜻합니다. 가장 좋은 예는 국도나 가로등입니다. 국도를 이용하거나 가로등 켜진 길을 걷는다 해서 이용료를 내지 않습니다. 누구나 마음껏 이용할 수 있습니다. 이것이 비배제성입니다. 하지만 같은 도로라 해도 고속도로나 민간 사본이 투입된 민자 도로는 다릅니다. 아무나 이용할 수 없습니다. 돈을 내야만 이용할 수 있지요. 따라서 고속도로나 민자 도로는 공공재가 아닌 겁니다.

경합성이란 다른 사람이 소비를 하면 없어지는 성질을 말합니다.

반대로 비경합성이란 다른 사람이 소비를 한다 해도 없어지지 않는 성질을 의미합니다. 일반적인 상품에는 경합성이 있습니다. 한정판 운동화는 다른 사람이 먼저 사면 내게는 살 기회가 오지 않습니다. 반면, 가로등은 서로 먼저 이용하겠다고 경합(경쟁)할 필요가 없죠. 누구나 사이좋게 그 혜택을 누릴 수 있습니다. 이처럼 모두 혜택을 누릴 수 있는 속성을 비경합성이라 합니다. 교실에 에어컨을 설치하면 그 혜택을 공평하게 누릴 수 있습니다. 이런 점에서 에어컨은 비경합적입니다. 반면, 비 올 때를 대비해 공용 우산을 5개 마련해 뒀다면 이 우산은 경합적 성격을 갖습니다. 누군가가 먼저 사용해 버리면 내게는 기회가 없기 때문입니다.

우리 주변의 대부분의 재화나 서비스는 배제적이면서 경합적인 성격을 갖습니다. 일상생활에서 돈을 내지 않고 공짜로 이용할 수 있는 건 매우 드뭅니다. 버스를 탈 때도, 매점에서 음료수나 간식을 사 먹을 때도 돈을 내야 합니다. 때문에 배제적입니다. 동시에 버스가 꽉 차면 다른 사람은 이용할 수 없고 매점에서 음료수나 간식을 누군가가 싹쓸이 하면 다른 사람은 살 수 없습니다. 그런 점에서 경합적입니다. 인기 있는 상품, 예를 들어 유명 떡볶이라면 서둘러야 합니다. 늦게 가면 품절될 수 있기 때문이지요.

왜 이런 얘기를 하냐고요? 어떤 걸 공공재로 편입하느냐에 따라 우리 삶이 달라지기 때문입니다. 가령, 모든 도로를 공공재로 편입할 수도 있고 그렇게 하지 않을 수도 있습니다. 모든 도로에서 통행료를 걷지 않으면 도로는 공공재가 됩니다. 그렇게 되면 유료도로가 사라지게 되니 돈을 아낄 수 있습니다. 하지만, 이 경우 문제가 생깁니다. 모든 도로를 국가가 건설해 무상으로 이용할 수 있게 하는 데 국가 재정상 한계가 있을 수 있습니다. 이런 논리로 민간 자본 투입이 정당화되고 자본 투입에 따른 수익 보전을 위해 통행료가 합법화됩니다. 고속도로 역시 마찬가지입니다. 천문학적인 금액이 투입되고 유지 보수에도 큰 비용이 들기 때문에 통행료 수취가 정당화됩니다. 결국 어떤 재화나 서비스가 공공재이냐 아니냐의 여부는 해당 재화나 서비스의 속성에서 기인하기보다는 정치적 결단에 의해 결정된다고 할 수 있습니다.

교육은 공공재일까, 상품일까?

이런 공공재의 속성 때문에 공공재를 둘러싼 논쟁은 치열할 수밖에 없습니다. 가장 논쟁이 치열한 분야는 교육 분야입니다. 관점에 따라 한쪽에서는 공공재로 보고 다른 쪽에서는 상품으로 봅니다. 교육을 공공재로 보는 쪽에서는 교육받을 권리를 신분이나 소득과 무관하게 누구나 누려야 할 인간의 기본권으로 봅니다. 그렇기 때문에 국가는 모든 국민에게 무상 교육을 제공해야 할 의무가 있다고 주장합니다. 반면, 교육을 상품이라 보는 쪽에서는 교육의 질에도 차이가 있으니 더 높은 질을 갖춘 교육 상품을 내놓도록 시장에서 경쟁적으로 거래되어야 한다고 주장합니다. 이들은 교육이 공공재가 되면 획일화될 것이고 그에 따라 교육의 질이 낮아질 거라 강조합니다. 시장에서 거래되는 상품이 되어야 경쟁과 효율을 통해 더 우수한 교육 상품이 나올 수 있고 그래야 우수한 인재가 길러질 수 있다고 목소리를 높입니다.

누구의 주장이 옳은 걸까요? 정답은 없습니다. 다만, 공공성을 높이면서도 교육의 질을 높일 수 있는 방법을 찾는 것이 가장 좋겠지요. 말씀드리고 싶은 것은 특정 상품이나 서비스를 공공재로 편입하는 일은 정치적 의사 결정의 문제라는 것입니다. 상품이나 서비스의 고유한 속성에 기인하는 것이 아닙니다. 사람이 그 여부를 결정하는 겁니다.

시장의 실패를 막아라!

앞서 말했듯 경제학의 목표는 자원의 효율적 배분에 있습니다. 하지만 정부의 개입 없이 시장에만 맡겨 놓으면 여러 이유로 자원이 적절하게 배분되지 못합니다. 이를 '시장의 실패'라 합니다. 자본주의 체제에서 정부가 개입하지 않으면 독과점 현상이 심해지는 게 가장 좋은 예지요. 특히, 공공재의 경우에는 그 특성으로 인해 자원의 효율적 배분과 후생 수준 극대화에 실패하는 현상이 발생하곤 합니다. 다시 말해, 보이지 않는 손이 제대로 작동하지 못하는 경우가 일어납니다.

공공재는 누구나 공짜로 이용할 수 있습니다. 이런 시장에 민간 기업이 진출하는 것은 아예 불가능합니다. 설사 민간 기업이 진출해 건설을 한다 해도 향후 유지 보수를 할 운영비 마련이 불가능하기 때문에 기업이 진출하기를 꺼리게 됩니다. 이런 이유로 공공재는 필요한 만큼 충분히 건설되지 않지요. 이런 상황이 되면 치안, 국방 등은 무너지고 결국 국민들의 생활 수준은 점차 낮아집니다. 이것이 시장의 실패입니다.

정부가 개입할 수밖에 없는 이유

시장의 실패는 준공공재에서도 빈번하게 발생합니다. 준공공재란 비경합성과 비배제성 중에서 하나가 불완전 경우를 말합니다. 대표적인 게 공유 자원입니다. 공유 자원이란 소유권이 불분명하여 경합성은 있지만 배재성이 없는 자원을 말하는데, 바다의 물고기를 떠올리면 됩니다. 양식 어류가 아닌 바닷물고기는 소유권이 불명확합니다. 주인이 딱히 정해져 있지 않기 때문에 먼저 차지하는 사람이 주인이 됩니다. 즉 비배제적 특성을 갖습니다. 하지만 공공재와 달리 경합적 성격을 갖고 있지요. 누군가가 많이 잡으면 다른 사람이 물고기를 잡을 수 있는 기회는 줄어듭니다. 무료 도로 또한 대표적인 준공공재 중 하나입니다. 공짜지만 막히면 이용이 제한되기 때문입니다.

따라서 사람들은 공유 자원을 먼저 차지하려 경쟁하게 됩니다. 남들보다 이른 시각에 출발해 어장을 차지하려는 경쟁이 벌어지고 막히는 도로의 경우에는 남들보다 먼저 출발하려는 경쟁이 벌어지곤 합니다. 우리나라 근해에서 흔히 잡히던 명태나 오징어가 귀해진 이유도 이 때문입니다. 이를 공유 자원의 비극 혹은 공유지의 비극이라 부릅니다. 주인이 불분명한 준공공재의 경우엔 이용자 간 경합이 격화되면서 해당 자원이 고갈 위기에 빠지게 되는데, 이와 같은 공유 자원의 비극을 해결하려면 결국 국가가 개입할 수밖에 없습니다. 수렵 및 포획을 금하거나 금어기를 설정해 일정 기간 동안엔 특정 어종을 잡지 못하도록 하는 게 이 때문입니다. 또, 특정 집단에게만 사유 재산권을 부여해 공유 자원 보호에 나설 수도 있습니다. 시장의 실패를 막는 데 정부의 역할은 이처럼 막중한 겁니다.

 민영화? 그거 좋은 거 아냐?

경제가 성장하면 민간 기업들이 공공성이 강한 분야에 진출하려 합니다. 기업의 자본 조달 능력이 과거와는 비교할 수 없을 정도로 커졌고 이미 각종 인프라가 완비된 상황이기 때문에 기업들이 공공성이 강한 시장에 진출하여 이익을 극대화하려는 것이죠. 각종 민자 도로나 교량이 대표적입니다. 또한 전기나 수도, 가스 등 공기업이 운영하는 공공성이 강한 시장에 끊임없이 진출하려 합니다. 실제로 일부 국가에서 공기업이 운영하던 공공성이 강한 서비스나 상품을 민영화한 경우가 있었습니다. 일본도 그런 나라 중 하나입니다. 일본은 2018년 12월 수돗물 민영화 법안을 통과시켰습니다. 명분은 인구 감소로 지자체 수도 사업이 경영난에 시달리고 있고 수도 파이프의 노후화 등으로 수돗물 질이 떨어져 이를 향상할 필요가 있다는 것이었습니다. 지자체가 여력이 없으니 민간 자본을 끌어들여 수돗물 질을 개선하겠다는 것이었죠.

"민영화하면 좋은 거 아니야?"

"그렇지. 그렇지 않아도 공기업들 부채가 많아 골머리를 앓는다는데, 그 부채 모두 국민들 세금으로 충당하는 거잖아. 그러니 민영화하는 게 국민 입장에서는 훨씬 낫지."

　충분히 나올 수 있는 대화입니다. 민영화를 통해 요금이 내려가면 반대할 이유가 없겠지요. 이용자로서는 품질 좋은 서비스나 재화를 값싸게 이용할 수 있으니 말입니다. 하지만 민영화를 통해 요금이 내려간 경우는 거의 없습니다. 대부분 요금이 오릅니다. 공공성이 강한 대부분의 재화나 서비스는 공기업이 운영함으로써 비교적 값싸게 이용할 수 있는 겁니다. 결국 공기업의 적자는 불가피하니, 기업을 유지하기 위해 세금이 투입됩니다. 이용료가 오르나 세금을 내나 마찬가지라 생각할 수 있습니다. 하지만, 서민 입장에서는 이용료가 오르는 것보다는 세금을 내는 게 훨씬 이득입니다. 서민들은 부유층보다 상대적으로 세금을 덜 내기 때문입니다. 하지만 민영화로 요금이 오르면 서민들 지갑에서 돈이 나가게 됩니다. 핵심은 민영화는 결국 기업의 수익 극대화 시도로 연결될 수밖에 없고 이는 결국 서민들의 부담을 가중할 가능성이 크다는 겁니다.

　우린 언론에서 '민영화'란 단어를 많이 보게 됩니다. '사유화'나 '사영화'란 용어는 거의 사용하지 않습니다. 왜 그런 걸까요? '민영화'란 단어가 주는 느낌이 '사유화'보다 훨씬 긍정적이기 때문입니다.

지나친 관료화나 고액 연봉으로 공기업은 때론 개혁 대상으로 몰리기도 합니다. 민간이 운영하면 공기업의 지나친 방만함이 일시에 개선되어 효율성이 제고될 것 같은 느낌이 들기도 합니다. 고목에 꽃이 피듯 적자에 시달리는 공기업이 민영화되는 순간 일시에 활력을 되찾을 거라 믿습니다. 반면 '사유화' 혹은 '사영화'란 단어는 부정적인 뉘앙스를 풍깁니다. 자본을 가진 소수가 공기업을 쥐락펴락하는 상황은 생각만 해도 기분 나쁜 일입니다. 그런데 사실 '사유화'나 '민영화'나 그 본질은 같습니다. 국민 소유의 공기업을 민간 자본에 넘긴다는 점에서 그렇습니다. 그러나 대중은 본질을 이해하기보다는 단어가 주는 이미지에 속기 십상입니다. 그래서 굳이 '민영화'란 단어를 고집하는 것입니다.

황금 알을 낳는 공공성을 띤 사업

2012년 4월, 서울 지하철 9호선이 느닷없이 요금을 올리겠다고 해 시끄러웠던 적이 있었습니다. 깜짝 놀랐습니다. 요금 인상률 때문이기도 했지만 지하철 9호선의 운영 주체가 민간이란 사실을 그때 처음 알아서입니다.

도로, 철도, 항만, 공항, 전기, 가스, 상하수도 시설 등을 '사회간접자본(인프라)'이라 부릅니다. 굳이 '간접'이라는 말을 붙인 이유가 있습니다. 생산에 직접 필요한 재료나 수단은 아니지만, 생산 활동이나 삶에 간접적으로 영향을 주는 필수 재화이기 때문입니다. 도로가 없다고 가정해 봅시다. 어떤 생산도 의미가 없게 됩니다. 생산을 했으면 어디론가 운송을 해야 하는데 도로가 없다면 그 자체가 불가능하겠지요. 전기나 상하수도 역시 마찬가지입니다. 이들이 없다면 생산 활동은 물론 생활 자체가 불가능합니다.

사회간접자본은 필요조건을 갖추어야 자본이 될 수 있습니다. 자본으로서 기능하려면 사용료가 낮아야 합니다. 너나없이 사용하는 생산 활동과 생활의 기반이기 때문입니다. 도로, 전기, 상하수도 이용료가 비싸다면 이들을 이용한 생산 활동이 불가능해집니다. 설사 생산을 했다 해도 너무 비싸 경쟁력을 잃게 됩니다. 이런 이유로 사회간접자본은 정부나 국민이 소유해야 합니다. 개인이나 기업이 소유하더라도 정부의 규제를 받아야 합니다.

개인이나 기업의 소유를 엄격히 제한하는 또 다른 이유는 독점의 폐해가 크기 때문입니다. 누구나 써야 하고 쓸 수밖에 없는 필수 재화를 특정 민간 자본이 독점하면 이를 이용해 폭리를 취할 가능성이 큽니다. 전기 요금을 정부가 통제하는 게 가장 좋은 예입니다.

사회간접자본을 독점하면 그 자체가 황금 알을 낳는 사업이 될 수 있습니다. 민간 자본이 욕심을 내는 건 당연합니다. 사회간접자본은 필수 재화입니다. 가격을 어느 정도 올려도 수요가 줄지 않습니다. 게다가 일난 발을 들여 놓기만 하면 경쟁을 피할 수 있습니다. 민간 자본으로서는 군침이 도는 먹거리일 수밖에 없습니다.

하지만, 앞에서 설명했듯 공공성을 띤 재화와 서비스의 민영화는 신중해야 합니다. 이들은 공공의 소유물로 존재할 때 자본으로서 기능을 제대로 할 수 있습니다. 따라서 이들 분야에 대한 민간 자본의 참여는 금지하는 게 원칙이고 불가피할 경우 극히 제한적으로 허용해야 합니다.

공기업 및 공공성을 띤 재화와 서비스의 공급은 세금을 통해 이뤄지는 게 맞습니다. 우리 모두에게 필요한 것이기에 모두가 주인이어야 하고 주인인 우리가 그 비용을 대는 게 당연합니다. 만약 그 비용, 즉 세금을 내는 게 아까워 소수의 자본가에게 넘기면 당장은 세금을 아낄 수 있어 좋을지 몰라도 결국은 세금보다 더한 이용료 폭탄을 맞게 될 것입니다. 민간 자본은 수익성을 제일의 가치로 여깁니다. 그에 비해 공공 자본은 공공성, 즉 다수의 이익을 제일의 가치로 생각합니다. 어떤 걸 선택할지 여부는 정치적 의사 결정이지만 그 결정의 주체는 결국 국민입니다.

삼성이 망하면 나라가 망할까?

한국의 대표 기업인 삼성과 현대자동차를 비판하는 건 대한민국을 '욕보이는 짓'이라 생각하는 사람들이 많습니다. 그런 사람들은 이들 기업의 비리에 대해서도 쉽게 눈을 감는 경향이 있습니다. 불법으로 초거대 기업을 창업자의 자식에게 물려줘도 큰 문제가 되지 않는다고 생각합니다. 2세, 3세, 4세 경영을 당연시합니다.

사실 대기업들의 불법, 탈법, 비리는 비일비재합니다. 횡령, 일감 몰아주기 등은 거의 기삿거리도 되지 않습니다. 이유가 있습니다. 이들 기업 덕분에 대한민국이 건재하고 국민들이 먹고살고 있다고 생각하는 사람들이 많기 때문입니다. 그들에게 이들 기업은 거의 신성불가침의 영역에 있는 존재입니다.

삼성전자 이건희 회장은 가끔 선문답 같은 화두를 한국 사회에 던졌습니다. "거짓말 없는 세상이 되기를 바란다. 모든 국민이 정직했으면 좋겠다."라는 말은 명언집에 실려도 좋을 정도입니다. 그런데 참으로 충격적인 말도 했습니다. "한 명의 천재가 수백만 명을 먹여 살린다."라는 말입니다. 이 말을 듣는 순간 섬뜩했습니다. 우생학의 폭력성이 엿보였기 때문입니다. 이건희 회장은 왜 이런 말을 했을까요. 아마도 자신이 수십만에 이르는 삼성의 노동자, 그 못지않은 수의 협력 업체 직원, 그리고 그 임직원들이 쓰는 돈에 의지해 생업을 유지하는 수많은 자영업자를 먹여 살리고 있다고 생각해서일 겁니다. 평소 스스로를 천재로 생각했거나 삼성을 천재 기업으로 생각해서 이런 발언을 했을 수도 있습니다. 그런데 정말 한 명의 뛰어난 천재가 수백만의 대중을 먹여 살리는 걸까요?

노키아의 몰락과 핀란드 경제

지금의 청소년들에겐 '노키아'란 회사가 생소할 것 같습니다. 1865년 핀란드에서 설립된 세계 최대 휴대전화 회사였습니다. 1992년 휴대전화 시장의 선두 기업이 됐고 1994년 세계 최초로 위성 통화에 성공했습니다. 2011년까지 휴대전화 분야에서 세계 시장점유율 1위였던 회사입니다. 하지만 스마트폰이 등장했고 시대의 흐름에 뒤처진 노키아는 애플과 삼성전자에 추월당해 2014년 4월 휴대전화 사업을 마이크로소프트사에 매각하면서 휴대전화 시장에서 사라지게 됩니다.

　전성기 노키아의 위상은 핀란드 경제에서 절대적이었습니다. 핀란드 경제의 30%를 차지할 정도였으니까요. 그런 기업이 쇠락하자 세상이 떠들썩했습니다. "노키아가 무너지면 핀란드 경제가 침몰한다."라는 명제를 놓고 격렬한 논쟁이 벌어졌습니다. 결론은 싱거웠습니다. 노키아가 추락하기는 했지만 핀란드 경제는 여전히 건재했기 때문입니다. 이상하다고 생각할 수 있습니다. 특정 국가 경제의 3분의 1을 책임지는 거대 기업이 흔들렸는데 국가 경제가 건강할 수 있다니 말입니다. 하지만 이유를 알고 보면 고개를 끄덕일 수밖에 없습니다.

노키아가 흔들리면서 다수의 연구 개발 인력은 일자리를 잃게 됐습니다. 그러나, 이들은 좌절하지 않고 창업에 나섰습니다. 이들 스타트업은 핀란드 경제의 혁신을 주도하게 되었고, 혁신이 새로운 성장 동력으로 작용하자 핀란드 경제가 활력을 얻게 된 것입니다. 노쇠했던 핀란드 경제에 신선한 피가 수혈된 셈이었습니다. 전문가들은 노키아가 쇠락한 것이 핀란드 경제에 역으로 득이 됐다고 분석합니다. 핀란드 경제를 쥐락펴락했던 거대 기업이 흔들리면서 외려 기업 생태계가 건강하게 복원됐다는 것이지요.

흔히 인구수 대비 스타트업이 가장 많은 국가로 미국, 독일, 이스라엘, 중국 등을 꼽습니다. 하지만 아닙니다. 정답은 핀란드입니다. 세계에서 가장 혁신적인 나라 역시 실리콘밸리가 있는 미국이 아니라 핀란드입니다. 핀란드 대학생이라면 한 번은 창업을 시도한다 해도 과언이 아닐 정도입니다. 이런 열기로 인해, 2016년 핀란드 제조업 전체 생산량의 77%가 중소기업에서 창출되는 놀라운 결과가 나타났습니다. 핀란드는 노키아가 몰락했을 때 경제 전체가 잠시 흔들리기도 했을 정도로 대기업 의존도가 심했던 국가입니다. 하지만 2020년 현재, 핀란드 경제를 이끄는 주체는 중소기업과 스타트업입니다. 그리고 스타트업 중 유명한 곳 대부분은 노키아 출신들이 이끌고 있죠. 글로벌 게임 회사 중 '앵그리 버드'를 만든 로비오, '클래시 오브 클랜'을 만든 슈퍼셀이 바로 이런 기업입니다.

노키아 사례는 졸고 있는 우리에게 내리치는 죽비라 할 수 있습니다. "삼성이 망하면 한국 경제는 물론 한국이 무너진다." 혹은 "삼성이 있어 대한민국이 먹고산다."와 같은 명제는 신화처럼 굳건합니다. 대부분은 삼성 등 재벌을 비난하다가도 이와 같은 주장이 나오면 자신감을 잃고 슬그머니 꼬리를 내립니다. 위 노키아 사례는 그런 우리에게 정신 차리고 세상을 똑바로 보라고 가르칩니다. 한국은 대기업 의존도가 심각한 국가 중 하나입니다. 그러니 대기업이 무너질까 봐 전전긍긍합니다. 정말 이들 대기업이 무너지면 한국은 망할까요? 다시 생각해 볼 때가 됐습니다. 경제 생태계 역시 다른 생태계와 동일합니다. 대기업과 중견기업, 중소기업이 적절히 안분되어 있는 게 건강한 생태계입니다. 특정 소수 기업이 생태계를 지배하는 현상은 바람직하지 않습니다.

경제 지식을 무기 삼아
돈에 압도되지 않는 삶을 살아가길 바랍니다

우리 모두는 '행복'해지기 위해 삽니다. 물론 각자가 꿈꾸는 행복은 다 다르겠죠. 행복은 지극히 주관적인 감정이기에 사람의 수만큼이나 행복의 수도 많을 것입니다.

그런데 우리가 살아가는 자본주의 체제에서는 누구나 아는 행복의 필요조건이 있습니다. '돈'이죠. 지금, 돈이 없어도 행복할 수 있다고 말할 사람이 있다는 것을 압니다. 하지만 그런 사람에게도 생존을 위한 최소한의 돈은 필요할 것입니다. 그렇지 않다면 삶 자체가 불가능해질 테니까요. 그렇다고 돈이 우리에게 행복과 자유를 보장해 준다는 말은 결코 아닙니다. 돈이 행복의 필요조건이라 해도 충분조건은 결코 될 수 없습니다.

이제 우리가 먼저 해야 할 일은 얼마의 돈이 있어야 우리가 행복하게, 주체적인 삶을 살 수 있을지 판단하는 것입니다. 이는 당연히 각자가 판단할 문제입니다. 생계가 유지될 정도로만 벌면서 남는 시간에 자유를 누리고 싶다는 사람들도 있을 것이고, 많이 벌면 벌록 행복할 것이라는 사람들도 있겠지요.